国際学への扉を開く

刊行に寄せて

国際学部長　中村　真

宇都宮大学国際学部は、二〇二四(令和六)年に創設三〇周年を迎える。創設時の一九九四年以来、現在まで、国立大学法人の中で唯一の国際学部である。これまでに、三〇〇〇人を超える卒業生を送り出してきた。

創設時の教育目標は、実践的国際人、すなわち「グローバル人材」の育成であり、その後、「二一世紀型グローバル人材」の育成と表現を変えながらも継続され、今日に至る。今後、国際学部への人材育成のニーズはさらに増すであろう。一方、研究については、社会諸科学、人文諸科学相互の有機的な協同・連携による新たな学際、総合分野としての国際学の構築が掲げられたが、この目標については、今日に至るまで、繰り返し疑問が投げかけられてきた。国際学とは何か、国際学の学びによってどのような専門性を身につけられるのか、それがどのようなキャリアと結びつくのか、といった問いである。国際学部では、設置20周年を機に刊行された『世界を見るための38講』(二〇一四)、学部改組に伴い企画された『多文化共生をどう捉えるか』(二〇一八)という二冊の新書によって、これらの問いに応えようとしてきた。本書では、設置後三〇年が経過し、学部教育に関わるメンバーも大きく入れ替わる中、改めて、国際学とは何かという問いを掲げ、説明を試みることにした。

良い本ができるための必要条件は、優れた執筆者と優れた編集者、そして、両者の忌憚のないやり取りであろう。本書の編集チームは、清水奈名子教授を代表に、各部を担当した、槙野佳奈子准教授、木村崇是助教、中惠媛助教、飯塚明子准教授の五名であった。刊行の準備にあたり、まず、全執筆者が構想を発表する研究会を行うことにした。国際学部では、さまざまな学際的共同研究プロジェクトが実施されているが、学部構成員のほぼ全員が集まり、自らの教育研究について時間をかけて報告し、意見交換を行う機会は限られている。一連の研究会は、同僚がどのような考えをもって教育研究に取り組んでいるのかを、改めて知る機会になるとともに、研究の面白さ、学際的研究の重要性を認識する機会になった。このような研究会を重ね、丁寧な編集作業が進められた成果として、ここに本書が完成した。編集担当者にはとくにお礼を申し上げたい。国際学とは何かという問いに、三〇周年を迎える国際学部がどのように答えようとしているのかは、この後に続く「本書について―国際学への誘い」を確かめていただきたい。読者の皆さんには、そのうえで、全体を通して読んでいただくことをお勧めする。各章では、執筆者一人一人がそれぞれの専門性を活かしつつ、グローバル化した今の社会を生きる皆さんに語り掛けている。本書を読み進めることによって、自らの手で、国際学の扉を開いていただきたい。

本書について
――国際学への誘《いざな》い

清水　奈名子

本書は、大学で国際学を学ぼうとしている学生のための入門書として企画された。国際学とは、人間、社会、文化そしてそれらを取り巻く環境について、さまざまな地域や時代、事象を対象として、多様な研究分野の間を往復しながら、二一世紀のグローバル化した社会に生きる私たちが抱く問いに答えようとする学問である。国際学が生みだす成果は、これらの問いに答えるための新しい視点や考え方として、社会に提供されてきた。

現代の世界を見渡せば、地球上のあらゆる生命が危機に瀕するような気候変動が加速化し、拡大する経済格差が人々の対立や排外主義を深刻化させるなど、分野を超えて考える必要のある課題は山積している。これらの、とても手に負えないように見える課題に向き合うには、どうしたらよいのだろうか。

向き合うための一つの方法が、多様な学問分野の間で対話し、協働するという意味での学際的な研究方法を採用することである。複雑化した課題に向き合うためには、既存の学問分野を超えた学際的な研究が必要となる。特定の専門分野を研究している人々にだけ分かる言葉、方法で研究するのではなく、異なる分野を学ぶ人々の研究に対しても貢献できるような方法で研究を進めていくという意味での学際性は、国際学の特徴の一つである。

国際学のもう一つの特徴は、「自由度の高さ」である。国際学を学ぶ際に、どのような問いを立てるのかは、学ぶ人がそれぞれに決めることが可能である。このように自由度を高くしなければ、複雑に変化し続けるグローバルな課題に取り組むことは困難であるからだ。自由度が高い一方で、研究されている多くの問いに共通するのは、多様性を受け止めつつ、平和的に、そして持続可能な方法で人々は共存することが可能なのか、という問題意識である。

国際学の入門書である本書も、「学際性」と「自由度の高さ」という国際学の特徴を反映して、次の五つの部から構成されている。「国際」とは国と国の関係を意味する言葉であるが、言うまでもなく、国家を構成し、国家間関係の行方を左右するのは人間である。その人間とはいかなる存在であり、人間は世界をどのように認識してきたのか、という問いが、第I部「人間と世界を研究する多様な視点」において追求されている。続く第II部「言葉から人間と社会を読み解く視点」は、人々の思想や認識を規定する言葉に注目して、人々が共同体を作り、コミュニケーションをとるために発達させてきた言語から、社会の在り方を読み解くことを試みている。

「人間」、「言葉」というキーワードに続いて、第Ⅲ部では「多様性を捉える視点」を取り上げている。多くの人々が国境を越えて移動する現代の世界では、多文化共生の必要性と同時に、その困難さが議論されてきた。自らが属する共同体の外の「他者」と出会うことは、いかなる意味があるのかについて、多様な地域、文化を見渡しながら考察が展開されている。多様な価値観や利害をもつ人々が接触することでもたらされる変化の一つは、それまで存在していたものの、不可視化されてきた社会的な課題が認識されることである。第Ⅳ部「社会の課題に向き合う視点」では、貧困、人権、戦争、災害をめぐる課題に向き合うためには、どのような視点が必要になるのかについて考えていく。

そして最後の第Ⅴ部「何のために学ぶのかを考える視点」では、これまでみてきた多様な地域や時代、事象について問いを立て、学問的な方法で答えを出そうとする作業にいかなる意味があるのかについて議論している。「生産性」や「効率性」が重視され、すぐに成果を出すことが求められる現代社会において、人間や社会をめぐる思考を、時間をかけて行ったり来たりしながら突き詰めていく作業は、学ぶ本人に、そして社会に何をもたらすのだろうか。

これらの五つのまとまりをもった視点を学ぶことによって、学際的な国際学への扉を開くきっかけをつくるのが、本書の目的である。一つの専門分野で学んでいるときには見落としていた視点を、学際的な問題意識をもって研究をしていくことで、複雑化が進む現代の課題に向き合う力を養う一助となることを願っている。

目次

目次

第Ⅰ部

人間と世界を研究する多様な視点

十九世紀の万国博覧会から見えてくるもの

槙野　佳奈子

万国博覧会について

万国博覧会、略して「万博」と呼ばれるイベントをご存じだろうか。実際に足を運んだことは無くても、ニュース報道などでその存在を見聞きしたことがある人は多いだろう。万博とは一般大衆の教育を主な目的としたイベントであり、文明の需要を満たすために私たち人類が活用できる手段の総覧を示し、これまでの進歩や将来の見通しを示すもの、と定義されている。

日本では二〇二五年に大阪万博の開催が予定されているが、実は大阪では一九七〇年にも万博が開催されていた。これは日本で初開催された万博であった。「太陽の塔」をはじめとする当時の記録写真や映像は、日本のテレビ番組や学校の教科書の中でも繰り返し紹介されているので、記憶に残っている人は多いかもしれない。万博は大人も子供も安心して来訪して楽しめるイベントとして今日では広く認知されている。あらゆる分野の展示品が魅力的に紹介され、華々しいパヴィリオン（展示館）をいくつも覗いてまわるうちに、いつの間にか私たちは、目の前に広がる非日常を夢心地で楽しむことになるのだ。

万博の原点

こうした万博の原点は十九世紀のヨーロッパにさかのぼる。世界で初めて万博が開催されたのは一八五一年のイギリスのロンドンであった。当時のヨーロッパでは科学技術が急速に発展し、人々の生活は大きな変貌を遂げていた。まさにこうした背景の下で、万博は生まれたのである。

実際、十九世紀半ばのヨーロッパの主要都市では鉄道が次々と開通し、蒸気機関車のおかげで人々はこれまでにないスピードで移動できるようになった。そして街に設置されたガス灯は闇夜を明るく照らし出し、人々は日没後の外出も躊躇せず楽しめるようになった。さらに写真技術の誕生で、人々は自らの家族や身近な友人の姿をありのままに写し取った画像を、手元に所有できるようになった。これらの新技術によって人々の好奇心や野心は一挙に開放され、未だかつてない高揚感と万能感を誰もが抱くようになった。蒸気機関、ガス灯、写真技術といった最先端の科学技術を国内外に誇示し、夢と希望に満ちた近未来の姿をも来訪者に強く実感させるためのイベントが、当時の万博だったのである。

一八五一年に開催されたイギリスのロンドンにおける第一回目の万博は大成功を収め、その後、第二回目の万博が一八五三年のアメリカのニューヨークで、第三回目の万博が一八五五年にフランスのパリで開催された。かくして十九世紀の人々はこの新しいイベントを心待ちにするようになった。当時のヨーロッパの定期刊行物を参照してみると、万博での様々なパヴィリオンや展示品の詳細が図版入りで掲載されるなど、万博は当時の人々にとって興味津々の話題であったことがうかがえる。

十九世紀の万博と帝国主義

一見すると、十九世紀の万博は一般市民の娯楽として開催された華やかで楽しいイベントで、何一つ批判されるべき点は無いようにも思われる。しかし当時のヨーロッパは帝国主義の下、アジアやアフリカへ植民地を積極的に拡大していた時代であったことを思い出さねばならない。圧倒的な軍事力を背景に他国を不当に支配することで、自国の領土拡大や、自国の経済的な利益を得ることを正当化する「帝国主義」の政策や思想が、当時のヨーロッパ、とりわけイギリスやフランスでは当然のように受け入れられていたのだ。

たとえば、十九世紀のフランスの政治家ジュール・フェリーが発した「文明化の使命」という旗印の下で、アジアやアフリカへの植民地の拡大は広く正当化されていた。今日では信じがたいことかもしれないが、このような思想を抱いていたのは決してごく一部の過激な政治家や軍人に限らなかった。ヨーロッパに住む当時の多くの一般市民たちもまた、何ら疑問を抱くこともなく植民地支配を肯定し、自国が世界の覇権を握ろうとするその拡大の気運に賛同し、その成果に充足感を得ていたのである。万博はヨーロッパの「外部」にあたる異文化への好奇心を満たす場としても人々から広く歓迎されていた。皮肉なことに、植民地拡大のプロパガンダを一般向けに正当化する場としても、万博は機能していたのである。

一八八九年のパリ万博

実は、植民地支配下に置かれた現地の住民たちがヨーロッパの万博で「展示」されるという、現代では「卑劣な趣味」とも受け取られるであろう企画が当時は大好評を博し、来訪者たちを喜ばせていた。その企画が特に話題になったのが、一八八九年にフランスのパリで開催された万博である。一八八九年のパリ万博は、フランス革命の百周年を記念すべくフランスの威信をかけて開催されたが、今日ではこの万博はエッフェル塔の歴史をたどる際に言及されるイベントとしても知られている。エッフェル塔はフランスのシンボルとして日本でも広く認知されており、現地に一度も行ったことが無くても、その存在を知っている人は多いだろう。実際、エッフェル塔は日本人の多くがパリで訪れたいと願う観光地の一つとされている。これは一八八九年の万博開催の象徴となる建造物であり、当時最新の鉄骨技術を用いて建造され、フランスの高い技術力を国内外に誇示する役割を果たしていた。

この一八八九年の万博において、エッフェル塔のお披露目と同様に、来訪者を魅了し満足させるために実施されたのが、「人間の展示」として植民地の人々とその生活ぶりを再現するイベントであった。アジアやアフリカから連れてこられた住民たちが、ヨーロッパの観客の好奇心を満たすための「見世物」として晒《さら》されたのだ。各国の植民地の村落を再現した展示場所で、住民たちは現地さながらに振る舞うよう主催者から要求されていた。そして鑑賞者たるヨーロッパの来訪者たちはその様子を鑑賞しながら、ヨーロッパの「外部」へと向かう自らの好奇心を満たし、植民地の宗主国の側の立場としての充足感を得ていたのである。

まさに人間の尊厳を踏みにじるような「人間の展示」が、華やかな憧れの場所としてのエッフェル塔の原点と密接な関係を持っていたという事実は、おそらく多くの人にとって衝撃的だろう。このような企画が平然と提案され、国際的なイベントとして実現していた過去の事実に、現代に生きる私たちは嫌悪感を抱かずにはいられない。しかし当時の観客たる一般市民たちは、この展示に何ら違和感を覚えることもなく、「展示」された人々の屈辱や悲しみに気付くこともなく、その姿を無邪気に楽しんでいたのだ。

現代の私たちに求められているもの

十九世紀のヨーロッパで受け入れられていた帝国主義に基づく、当時の社会の「夢」や「希望」や「野心」の持つ残虐性を、現代の視点から批判することはおそらく容易であろう。しかし重要なのは当時の一般市民の老若男女が、こうした植民地の展示に何ら違和感も抱かず、目の前の光景を平然と受け入れていた悲しい事実である。自らの無意識の中に潜む残虐性に気づくことは、実は想像以上に難しいのかもしれない。自らはあくまで「鑑賞者」であって、植民地の生活ぶりを再現させられている人々は「展示対象」であるという歪んだ認識を、当時の一般市民たちは当然のものとして受け入れていた。自らが「当たり前」としている感覚の歪みに気づくことや、その前提を疑ってみること自体、おそらく私たちにとって容易ではないのかもしれない。

そうなると、現代に生きる私たちが普段何気なく思い描いている「夢」や「希望」や「野心」でさえも、これが偏った認識や、一方的かつ暴力的な眼差しから形成されている可能性はないかどうか、一歩引いた視点から冷静に見つめ直していく必要があるだろう。歴史上の過去の過ちから学ぶ際に、過去の事象を現代の視点から一方的に批判し糾弾するだけでは、その学びをおそらく未来へと充分につなげることは難しい。「現代」の認識もまた、決して絶対的なものでは無いことを念頭に置いた上で、私たちは自らの「当たり前」を常に問い直しながら、より良い社会を築き上げていく努力を続ける必要があるだろう。

私たちの現代美術

出羽　尚

現代美術は分からない？

とかく二十世紀後半以降の現代美術はよく分からないと言われる。たしかにそうかもしれない。絵具をまき散らしただけのような抽象表現主義の絵画なら誰にでも描けそうだし、脈絡なく人のやり取りが映し出される映像作品はさっぱり意味が分からないし、ガラクタを寄せ集めただけのようなインスタレーションはちっとも美しくない。いや、正直に言えば、汚いから見たくない。そもそもこれって芸術なんですか？　そんな風に思ってしまう人には、芸術の教養やセンスが欠けているのだろうか。

おそらくそうではない。いや、むしろその人は、芸術とはこうあるべきだという認識を持っている。芸術とは天才の優れた技巧によって創造され、芸術家の知性や感性に溢れる美しいものであるべきだという認識を。だからこそ、その認識と矛盾する作品を目の前にして、それを受けいれることができないのだ。

この認識は間違っていない。たしかに、本物と見まがう高度な再現技術や、感情が伝わる豊かな表現力、心奪われるような美が評価のポイントとなる美術作品はある。しかし、写実性に欠けているからと抽象絵画を批判できないように、それぞれの作品が評価されるポイントは、特定の社会的・文化的文脈のもとではじめて意味を持つのであって、普遍的に正しくすべての芸術作品にあてはまる基準は存在しない。

だとすれば、美がポイントでない作品を汚いと言って拒絶するのではなく、文脈を踏まえた鑑賞をすることで、現代美術の理解は深まるはずだ。視覚的に捉えられるモノとして作品を鑑賞するだけでなく、同時に、制作全体を社会的・文化的な出来事として捉える。つまり、何がどのように作品に表現されているかを見るだけでなく、作品がなぜそのようであるのかを考えることで、鑑賞は一層面白くなるのだ。実際、現代美術の作品は、社会が共有する問題を扱ったものが少なくなく、作品の文脈を理解すればむしろとても分かりやすい。

たとえば、環境問題は今日の社会が取り組むべき大きな課題であるが、気候変動や地球温暖化、脱炭素といった問題を制作に取り込むのが、デンマーク出身の芸術家オラファー・

エリアソン（一九六七―）だ。水や光といった自然の要素に加えて、気候や天体の動きといった自然現象を作品に取り込むインスタレーションで知られ、二〇一四年、IPCC（気候変動に関する政府間パネル）の第五次報告書発行に合わせて、コペンハーゲンの市庁舎広場にグリーンランドのフィヨルドの海から運ばれた十二の巨大な氷塊を設置した彼の作品が《アイス・ウォッチ》である。徐々に解ける氷塊は、都市の人々に温暖化の現実を実感させ、地球環境の変化は遠い世界の物語ではなく、今まさに私たちの目の前で起こっている現実であることを示す。

こうしたエリアソンの制作は、現代社会におけるサステナビリティへの意識の高まりと呼応するが、現代美術はこのようにしばしば社会の動きと連動し、作品を鑑賞する私たちと同じ問題意識を共有する。

フェミニズム運動と美術

一九六〇年代後半からアメリカで始まり、日本を含む世界に展開したウーマン・リブ運動に呼応したフェミニズム美術も、社会の動きと軌を一にした美術の動向である。性差が生む政治的、経済的、社会的、文化的な不均衡を指摘するフェミニズムの視点を美術に導入したこの動きは、社会の様々なシステムが男性を中心に構築されていることを明らかにしようとした。

たとえば、ウェールズ出身のアメリカの写実画家シルヴィア・スレイ（一九一六―二〇一〇）が描くのは、男性のヌードだ。とりわけ彼女の作品が目を引くのは、伝統的に女性ヌードに用いられてきた形式で男性の身体を描いた点である。一九七三年の作品《トルコ風呂》（シカゴ大学スマート美術館蔵）には、彼女の夫を含む六人の男性ヌードの群像が描かれるが、この群像は、十九世紀フランスの新古典主義の画家アングルが、ハーレムの浴場の女性たちを官能的に描いた、同じタイトルの作品から主題や構図を借用している。男性が女性の身体を描くことを規範とする西洋美術のヌードの伝統を覆すように、スレイはヌード表現における男女の力関係を逆転し、性差の規範を転換させる。女性画家の視点が男性の身体に注がれたこの作品に違和感を覚えるとすれば、それは、ヌード表現がもっぱら女性を対象としてきたこと、そしてそれがヌードの規範として共有されてきたことを裏付ける。美術という一見中立的に見える領域が男性を主体としてジェンダー化されてきたことを、スレイの作品は明らかにする。

フェミニズムの視点は学問領域としての美術史にも広がった。一九七一年には、アメリカの美術史家リンダ・ノックリン（一九三一―二〇一七）が、「なぜ偉大な女性芸術家は現われなかったのか?」（邦訳は『美術手帖』一九七六年五月号）と題した論文を発表。女性の芸術家が美術史において極めて少ない理由は、女性が生来の才能に劣っているからではなく、芸術に関わる様々な機会が与えられてこなかった社会構造にあることを指摘した。

たしかに、レオナルド・ダ・ヴィンチ、ルノワール、ピカソといった男性の巨匠の名は、美術に詳しくない人でも、少なくとも耳にしたことはあるだろう。しかし、女性の巨匠の名を数人でもあげられるだろうか。あげられる人がいれば、それは美術に相当詳しい人に違いない。巨匠を表わす英語（old masters）がそもそも男性を表わし、「女性の巨匠」という表現自体が、「小さな巨人」のように、矛盾する二つの表現を並べた形容矛盾になっているように、そもそも女性の芸術家は美術史から排除され、存在しないことにされてきたのである。

現代美術は社会とつながる

フェミニズム美術史を牽引する美術史家グリゼルダ・ポロック（一九四九―）が、一九八一年にロジカ・パーカー（一九四五—二〇一〇）との共著で出版した『Old Mistresses』（邦訳は『女・アート・イデオロギー』一九九二年刊）は、存在しない「女性の巨匠」をタイトルに冠した、フェミニズム美術史の古典的著作だ。イギリスのリーズ大学美術学部で長く教鞭をとったポロックは、学問としての美術史が、芸術創造は男のものという男性主体のイデオロギーにもとづき、芸術家の女性の存在を無視してきたこと、さらに芸術家の女性は繊細さや美しさといった「女性らしさ」の点で評価されてきたことを指摘する。

ジェンダー、つまり、社会や文化が形成する性差や性別に関する規範を意味する概念が広く認識され、性差による社会の不均衡に目が向けられる現代、フェミニズム美術は今日的な動向として、より一層社会との接点を見出すようになっており、実際、フェミニズムの視点は美術を取り巻く社会や組織に変革を与えている。たとえば、クリスティーズなどの美術オークションや、ヴェネツィアビエンナーレなどの国際美術展の場では、芸術家の女性に対する評価が近年急速に高まっている。また、ニューヨークのメトロポリタンやグッゲンハイム、あるいはロンドンのテートといった世界の美術館において、コレクションの収集方針や常設展示の方法に変化が現れ、新たな収蔵品や展示を通じて、芸術家の女性の存在が以前よりも見えるようになってきた。

また、ジェンダーに起因する社会の不均衡が単に性差に基づくものではなく、人種や階級などの様々な属性が交差して生じている点にも、近年、注意が向けられている。複数の属性を複合的に捉える理論的な枠組みをインターセクショナリティと呼ぶが、このインターセクショナリティの視点によって、芸術家の女性で欧米以外の地域にルーツを持つ存在にもますます注目が集まっている。ここでは、いずれもイギリスを拠点として活動し、それぞれ二〇一七年と二〇二二年にイギリスの権威ある現代美術賞であるターナー賞を受賞した、ザンジバル出身のルベイナ・ヒミッド（一九五四―）と、カリブ海のモントセラト島生まれのヴェロニカ・ライアン（一九五六―）を挙げておこう。

私たちの現代美術

ここで取り上げた環境やジェンダーといった問題のみならず、現代の社会が直面する戦争や感染症、あるいはＡＩといった主題が多くの現代美術の作品や展覧会で取り上げられている。二〇一四年に四点の絵画連作《ビルケナウ》（リヒター財団蔵）で、アウシュヴィッツの強制収容所で隠し撮りされた写真のイメージに抽象的な色の層を塗り重ねた、ドイツの画家ゲルハルト・リヒター（一九三二―）の制作は、世界各地で紛争が続く今日、改めてその意義が認められるところだろう。彼の描く抽象的な色彩の下に隠れた収容所のイメージは見えない。しかし、かつて戦争は現実に起こっていた。そして、戦争は今もなお、現実に起こっている。この事実を、リヒターの作品は声高に伝える。

このように、現代美術は私たちの生きる社会とつながる身近な存在であり、視点を共有することで私たちひとりひとりのものになる。かつてはよくこう言われたものだ。社会を知りたければ、新聞を読もう、と。しかし、とりわけ若い世代の新聞離れは深刻らしい。ならばこう言おう。社会を知りたければ、現代美術を観よう。言葉を超える多彩な表現で、現代美術は私たちの社会を語る。

二〇〇四年十一月、リーズ大学の大学院生だった私は、近郊の小都市ハリファクスで開催された、風景や記憶をテーマにした美術の研究集会に出席した。この集会で講演したグリゼルダ・ポロックは印象的な装いで登壇し、彼女の出生地でもある南アフリカの芸術家の女性イルマ・スターン（一八九四—一九六六）について発表した。その後の会食の席で、私はポロックのはす向かいに座って言葉を交わした。美術を私のものにしてくれた人は何人もいるが、グリゼルダもその一人だ。

文学とアイデンティティ

大野　斉子

ウクライナ出身の作家に見るアイデンティティ

ウクライナとロシアは、地理的に隣り合うだけでなく、歴史的にも深い関わりを持っている。九世紀に成立したルーシという国家から派生し、民族として分化した両地域の間には、協力的関係と対立的関係が時代ごとに形を変えながら並び立ってきた。

歴史を概観すれば、ルーシの分裂後、十六世紀までに大きな勢力圏を築いたモスクワ大公国が現在のロシアの基礎となった一方、ウクライナは長らくポーランドとリトアニアの支配下に置かれ、十七世紀に一定の独立を果たした地域に根ざしているというように、ルーツは同じでも両者の歩んだ道は異なっている。ロシアとウクライナが再び接近するのはロシアがウクライナを併合し、領主に農民を隷属させる封建的な社会制度である農奴制を導入した十八世紀後半のことである。以降ロシアに領有された地域が歴史用語で小ロシアと呼ばれるが、本稿ではウクライナと表記する。

この項目で取り上げる十九世紀前半は、ウクライナ社会のロシア化が進行するなかで、近現代につながるウクライナのアイデンティティがロシアとの関係において形を取り始めた時代にあたる。それはウクライナの知識人の間で様々な政治的立場が並び立つとともに、同時代のヨーロッパ情勢を反映して複数の社会思想や文化潮流がめまぐるしく交代した時期でもあった。アイデンティティとは自身をどのような存在として把握するかという問題であるが、そのような形のないものにアプローチする上で、人々の思いをテキスト化した文学作品は有効な資料となる。本稿では十九世紀の作家ニコライ・ゴーゴリ（一八〇九―五二）とタラス・シェフチェンコ（一八一四―六一）を手がかりに、両地域にまたがって生きたウクライナ出身の知識人たちの間でいかなるアイデンティティが形作られていたのかを考えてみたい。

作品をめぐる受容の違い

二人はいずれも現在のウクライナの出身で、一八三〇年代から四〇年代を中心にロシアの首都サンクト・ペテルブルグで活躍した同時代人である。彼らはともに、故郷のウクライナに題材を求めた作品を書いた。ゴーゴリは小説、シェフチェンコは詩とジャンルは異なるが、時代を超えて読み継がれてきたという点でも共通している。しかし、大きく異なる点もある。ゴーゴリのウクライナを描いた作品はロシアで長い人気を保ち、現在もロシア文学の古典に数えられるのに対し、シェフチェンコの作品は近代ウクライナ文学の基礎と位置づけられ、今も民族の精神的支柱であり続けている。同時代を生きたウクライナ人の作家が、これほど異なる捉え方をされているのはなぜなのだろうか。

最初に考慮すべきは言語の問題である。ゴーゴリはロシア語で作品を書いたのに対し、シェフチェンコはウクライナ語で詩を書いた。言語の違いは、作品が属する言語世界を決定する以上、読者の棲み分けに影響して当然である。ただし、複数の言語世界を生きる人々が多かった当該地域においては、言語が読者となる民族を一義的に決定しない。とりわけ、多民族からなる帝国の共通語であったロシア語に関しては、作品の読者がロシア人に限られないし、政治的理由もあってウクライナ語は独立した言語ではなくロシア語の方言という位置づけがなされた。歴史的にみても両方の言語世界の境界を、現在の国境線ほどはっきりと引くことはできないのである。

文学作品の中のウクライナ

ゴーゴリとシェフチェンコの文学的な位置づけの違いに関係するもう一つの要因は、作品世界におけるウクライナの捉え方である。ゴーゴリはウクライナの民族文化や歴史に多大な関心を寄せ、そのような知識を元に小説集『ディカニカ近郷夜話』と『ミルゴロド』を発表した。『ディカニカ近郷夜話』ではウクライナの農村を舞台に、笑いあり怪奇ありの民話的世界が展開されている。

『ミルゴロド』には、十六世紀から十七世紀にかけてのウクライナのコサックによる対ポーランド戦史に題材を求めた『タラス・ブーリバ』という歴史小説が収録されている。ここでいうコサックとは、ポーランドなどからの逃亡農民たちが形成したザポロージェ・コサックと呼ばれる戦闘的な集団である。興味深いことに、史実では、コサック軍はポーランドからウクライナの独立を勝取るために戦ったのだが、この作品では、コサック軍がロシアのために戦っているように読める。十九世紀当時の歴史認識を反映し、ロシアの、という意味も持つルーシ（ウクライナとロシアの源流となる古代国家）の、という語が多用された効果である。他の作品でも、民族色の濃い登場人物たちが、絶妙なバランスを保ちながらロシア人としてのアイデンティティも備え、作品を支えている。そこにはウクライナでありながらロシアでもある不思議な世界が広がっている。

一方、シェフチェンコの詩集『コブザール』や叙事詩『ハイダマキ』にまとめられた作品は、ロシアの支配下に置かれたウクライナの民衆の苦難を訴える嘆きの詩である。農奴出身であったシェフチェンコの目に写ったウクライナは、貴族であったゴーゴリのそれとは異なっている。シェフチェンコは詩の中で、ロシアの専制と農奴制ゆえに、見る影もなく衰退した大地を描き出しながら、かつての自由で勇猛なウクライナを取り戻そうと呼びかけている。そこにはウクライナとロシアを異なる共同体と見なす立場が明白に現れている。

このようにロシアとの関係から見て、ゴーゴリとシェフチェンコの描いたウクライナは対照的である。政治的党派性の観点から整理してみると、かたやロシアに包摂された現実を受け入れ、かたやロシアとの対立構図の中にウクライナを捉え直そうとするそれぞれの立場は、当時のウクライナの知識人たちの思想の両極をなしていたことがわかっている。ゴーゴリのように、ロシアの一員として帝国に貢献しようとすることが合流志向、シェフチェンコのように、ウクライナの独自性を明確にしようとする立場が分離志向と表現される。

民族の観念の背景にある枠組み

おそらく、現代の私たちにとってわかりにくいのはゴーゴリの方だろう。なぜ自民族を支配する帝国に積極的に与するのかと、疑問に思うのではないだろうか。しかしゴーゴリのようにロシアの一部であることを受けいれる立場が、当時のウクライナの知識人の多数派であった状況を考慮すると、彼らの思考を形成していた民族や国家という観念が、私たちが考えるそれらの内容と異なっていた可能性に思い至る。

諸民族が必ずしも国家を形成せず、政治的状況に応じて大きな民族のもとに緩やかに統合される前近代的な帝国の枠組みにおいて、統治下にある民族はその共同性を維持しながら、同時に帝国民でもあるという層構造をなすアイデンティティを生きたのである。この時点ではまだ、民族とは自由と独立に目覚めた共同体ではなかった。民族の観念がそのような意味づけを獲得するには、当該地域においてナショナリズムが拡大した一八三〇年代まで待たなくてはならない。

ゴーゴリよりも少し若く、まさしく一八三〇年代のペテルブルグで青春時代を過ごしたシェフチェンコの文学にはナショナリズム以後の民族観を見いだすことができる。言語、文化、歴史の独自性を有することに民族の自己決定権の根拠を見いだす思想は、東欧をまたいで諸スラブ民族の解放と連帯というビジョンをうみ、それに共鳴したシェフチェンコを含むウクライナの知識人たちによる文化活動につながった。

とはいえ、ウクライナをロシアとは異なる共同体として主張する動きは、ロシア帝国から見れば危険思想であった。実際にはシェフチェンコたちが政治的独立まで計画していたわけではなく、彼らの運動はあくまで文化領域にとどまっていたが、最終的にシェフチェンコは政治犯として逮捕され、長い流刑生活を送ることとなった。

文学にそなわる力

このように、文学は作家やその同時代の人々のアイデンティティの鏡像としての側面をもつが、文学の役割はそれだけではない。文学はその後の時代のアイデンティティ構築にも関与する力を持っている。ナショナリズムの幕開けとなったシェフチェンコの時代以降、ウクライナの言語、文化、歴史を研究し、民族性を構築していこうとする文化活動が続いた。シェフチェンコの詩はそのような文化史の一部をなしたばかりでなく、力強い韻律に織り上げられたアイデンティティのありようは、ウクライナの民族運動の参照点として長く機能してきた。

一方、ゴーゴリのウクライナに題材を取った作品は、帝国の一員でもあると同時に各民族の構成員でもあるという複層的なアイデンティティのモデルを提示した。ロシアで長く愛読された受容史からは、ゴーゴリ作品が民族や社会制度との関係を、実感をともなって読者に把握させてくれる文学であったことのみならず、そのような社会的想像力を維持するための回路となっていたことが読み取れる。

ゴーゴリとシェフチェンコが活躍した後も、ロシアとウクライナは現代に至るまで、時に危機的な局面を乗り越えながら、複雑な関係を取り結んできた。文学はそのような歴史の一部となりながら、時代を超えて想像力に支えられた世界を伝える力を持っている。そしてその地域に住む読者だけではなく、その外にいる私たちをふくめたすべての人に対して開かれている。

文化と感情の受容
―英米文学を中心に

米山　正文

日本映画への反応

もう二十年以上も前のことになるが、米国の大学に留学中、学内のイベントでCultural Awareness Weekというのがあった。訳しづらいが、「異文化への理解を深めるための一週間」というものになろうか。様々な国の文化を紹介する催し物があり、日本文化についても、映画『Shall weダンス？』（周防正行監督、一九九五年）の上映会が開かれていた。筆者はこの映画を見たことがなく、知人にすすめられ鑑賞することにした。

映画自体なかなか面白かったが、それより印象深かったのは、映画中のある場面への観客（ほとんど現地の米国人学生）の反応であった。それは、外国人の筆者でもはっきりとわかる、不快感を露にした拒否反応であった。映画全体で見れば些細な場面である。主人公の通うダンス教室で、生徒の豊子さん（渡辺えり子）が田中さん（田口正浩）を指名しダンスの練習をする。その最中に豊子さんが怒り出す。

豊子さん「ちょっと！　何よ、あんた！　一人でのっちゃって！　それに何その汗？　手なんかビショビショじゃないの！　ほんと、気持ち悪いわね！　あんたなんかにね、私のリーダーがつとまるわけないのよ！」

田中さん（びっくりして立ちすくむ）

服部さん（徳井優）「何言うてまんねん、あんたが勝手に誘っておいて！」

豊子さん「フン、能書きチビが！」

（中略。この間、二人の口喧嘩―お笑い寸劇）

田中さん（鼻をすすりながら話し出す）「気持ち悪いですか？…やっぱりぼく、気持ち悪いですか？（嗚咽）…生まれて初めて好きになった人にもそう言われました。でも、それは普通の時で、ダンスをしているときじゃなかった。ぼくはお医者さんにすすめられて健康のためにダンスを始めました。最初は恥ずかしかったけど、踊っていると嫌なこと全部忘れて…。なんか、酔うっていうか、心臓が高鳴って、頭の中に花火が上がって、ふわふわして。とにかく嫌なこと全部忘れて…。だから、ダンス好きになって…。でも（嗚咽）、でも、やっぱり…ダンスしてても、ぼく、気持ち悪いですか？」

上映会で観客が露骨に不快感を示したのは、この最後の田中さんの嗚咽の場面である。大の大人が人前でメソメソするのがみっともないというのもある。また、「男らしさ」のジェンダー・コードから外れているというのもあっただろう。だが、それと同等もしくはそれ以上に、観客は田中さんの振舞いに、self-pity（自己憐憫）を見出したのではないかと思われる。

自己憐憫をめぐって

日本ではテレビでドラマなどを見ると、登場人物が自分をかわいそうに思うような場面を結構目にする。ただ、それがとりわけ否定すべき態度のようは扱われていない。実際、先の場面でも、ダンス教師のたま子先生（草村礼子）が現れて「気持ち悪くなんかないわ」と田中さんを慰めるし（母親的役割だろう）、豊子さんも「悪かったわよ。…ごめんなさい」と田中さんに謝ってもいる。

ところが、英語圏では事情が違うようである。筆者は学生時代に英米文学専攻で、現在は十九世紀米国文学を専門としている。自己憐憫を露にする登場人物はおしなべて、英語で villain（悪漢）や antagonist（敵役）などと呼ばれる悪役となっている。十九世紀米国文学でいえば、有名な『白鯨』（ハーマン・メルヴィル著、一八五一）で、エイハブ船長が乗組員全員を集め、自分の片足を奪った鯨への憎しみを激発する場面があるが、白鯨こそが自分を「死にぞこないの哀れな道化」にしたのだと嗚咽し、自己憐憫も激発させている［Melville 2017: 132］。エイハブ船長は（研究者の間で議論はあるものの）一般的には明らかに悪役だろう。また、十九世紀米国で「聖書に次ぐベストセラー」と言われた『アンクル・トムの小屋』（ハリエット・ビーチャー・ストウ著、一八五二）で、主人公トムが一時期仕えるセントクレア家の夫人マリーは自分を「この世で最も虐められ苦しんでいる人」と哀れみ、不満ばかり口にしているが、自らが奴隷を苦しめる主人であり、かつ娘イーヴァを愛せない「悪しき母」ともなっている［Stowe 1994: 135］。

英国文学に目を移しても、同様の傾向を見ることができる。英国の長編叙事詩としてはおそらく最高傑作と思われる『失楽園』（ジョン・ミルトン著、一六六七）に、自己憐憫という点で最も印象的な人物が登場する。キリストの敵役、サタン（悪魔・堕天使）である。地獄に落とされたサタンは神への復讐を誓い、エデンの園に行くと蛇の体内に入りイヴを誘惑する。しかし一方でサタンは、地獄から逃れられない自らを「なんと自分は惨めなのか（Me miserable!）」と哀れむのである［Milton 1975: 80］。十六世紀のシェイクスピア劇でも、『リチャード二世』（一五九五―九六）では無能な王様が、『ベニスの商人』（一五九六―九七）では金貸しシャイロックが自己憐憫を露にしている。

十八世紀英国文学に興味深い例がある。英国ゴシック（怪奇）小説で最高傑作の一つ『イタリア人』（アン・ラドクリフ著、一七九九）に、『アンクル・トムの小屋』のマリーと対照的な人物が登場する。オリヴィアは愛情深い「良き母」であるが、最後に娘イレーナと再会する場面で、珍しく自身の過去の苦難を語りだす。ところが、途中でハッと我に返ると、話を止め娘の苦難に耳を傾けようとする［Radcliffe 1995: 429］。つまり、自己憐憫に陥った自分を抑制しているのである。

宗教起源か

それにしても、自己憐憫に対する否定的な態度はどこから来ているのだろうか。筆者が注目したのは『失楽園』である。当時の英国でミルトンは敬虔な清教徒であり、おそらくサタンは宗教的に望ましくないすべての資質を体現しているはずである。こうした推測に基づいて、英国中世文学を専門とするリン・ムーニーという研究者に「自己憐憫への嫌悪はキリスト教からきているのではないか」という疑問をぶつけてみたことがある。それに対し「そんなことは考えたこともなかったが、おそらくそうだろう。そういえば、中世文学で思い当たるものがある」という回答であった。教えて頂いたのは『真珠』という、作者不詳の、十四世紀後半の英国詩である。

『真珠』について専門外なのでとても正確なことはいえないが、筆者が読んだ限り、表面的には二歳の娘を亡くした父親の哀歌のように読める。「真珠」というのは娘の名前である（白い真珠は無垢や純潔を象徴している）。詩人（語り手）は、娘の墓の前で気絶し、不思議な夢を見る。川のほとりに立っていて、対岸には亡くなった娘がいる。そちらは天国のようである。詩人は娘を失った自身の不幸をただ嘆き悲しむ。この自己憐憫は、娘を奪った神の正当性に疑問を投げかけるものになっている。そんな父親を娘は、「思い上がり（pride）」という悪徳に陥っていると諫め、物事を裁断できるのはただ神のみだと告げる［*Medieval* 1971: 150-152］。その裁きによってのみ死後に天国で娘に会えるかどうかが決まるのだと諭す。娘の言葉は、どんな辛い運命も神の意志として忍従しなければいけないという非常に困難な教えを説いているように読める。それは、self-less（無私）になることを求めているようだ。そういえば、『イタリア人』のオリヴィアも「egotism（訳しづらいが自己中心癖としておく）」に耽ってしまったと言って反省している［Radcliffe 1995: 429］。

感情と文化

自己憐憫（self-pity）への否定的態度の背景として、宗教が唯一の起源であるということはできない。ただ、少なくともその一端であると考えられるだろう。私たちはふだん、自分の好き嫌いや快不快を個人的な性格や性質に帰すことが多い。しかし、些細な好悪の感情も、思っている以上に、自分が育ってきた文化に影響を受けているのではないだろうか。

英語圏に比べて日本では、自己憐憫に対し寛容な文化が育っているといえるだろう。一方で、誰もが自由に自己憐憫に浸れるような集団にずっと身をおいていると、時として人間関係がひどく面倒に感じられることもあるにちがいない。

ところで、冒頭の日本映画は米国で、『Shall we Dance?』（ピーター・チェルソム監督、二〇〇四）という映画にリメイクされている。豊子さんと田中さんの場面はどのように作り変えられているか、興味のある方はご覧いただければ幸いである。

参考資料

- *Medieval English Verse.* (1971) Trans. Brian Stone. Penguin.（中世文学で著者不明）
- Melville, Herman. (2017) *Moby-Dick.* Ed. Hershel Parker. W.W.Norton & Co.
- Milton, John. (1975) *Paradise Lost.* Ed. Scott Elledge. W.W.Norton & Co.
- Radcliffe, Ann. (1995) *The Italian.* Two Gothic Classics by Women. Ed. Deborah D. Rogers. Signet Classics, 15-476.
- Stowe, Harriet Beecher. (1994) *Uncle Tom's Cabin.* Ed. Elizabeth Ammons. W.W.Norton & Co.
- 『Shall we ダンス?』DVD（角川エンタテインメント、二〇〇五年）

感情を通してみる社会

中村　真

感情とはなんだろう

みなさんは、感情と聞いてなにを連想するだろう。

喜怒哀楽、喜びやうれしさ、怒り、悲しみといった感情と呼ばれる個別の言葉を思い浮かべる人もいれば、なんとなく明るい感じとか、いやな気持といった、肯定的、または否定的な心情を思い起こす人もいるだろう。また、誰かが飛び跳ねてうれしそうにしている様子や、涙を流して叫んでいる人の表情といった具体的なイメージを思い浮かべる人もいるかもしれない。多くの人が、感情と聞いて、それはいったい何だろうと思うことはない。しかし、感情とは何か、感情はどのように説明できるだろう、と問いかけられたときはどうだろう。ある研究者は、感情とは、定義しようとするまでは、誰もがよく知っているものだと論じている。本章では、だれもがよく知っているはずだが、いざ説明しようとすると難しい感情と呼ばれる何かについて、とくに人間の生物としての側面から、またグローバル化が進む社会の中での私たちの生活との関係で考えてみよう。

感情のはたらき

そもそも、感情にはどれくらいの種類があるだろう。最初に例示した、喜怒哀楽、喜びやうれしさ、怒り、悲しみなど、リストアップしようとするとかなりの数に上る。感情を研究している心理学者も、感情がいくつあるかという問いに一致した答えはもっていない。人間には少数の生物学的に備わった感情があるという基本感情説を唱えるある心理学者は、興味・興奮、喜び、驚き、苦悩・不安、怒り、嫌悪、軽蔑、恐怖、恥、罪悪感の十種類を基本感情と考えている。ここで言う基本感情とは、生物進化のプロセスで、危険が迫った時などの緊急事態や、重要な局面において、素早く対応するために生物としての人間に備わった適応の仕組みと考えられている。

まず、基本感情の一つ、怒りについて考えてみよう。怒りというと、他者への攻撃や暴力を想像する人が多いかもしれない。アンガー・マネジメントが話題になることなどを考えると、トラブルにつながる困った感情ということになるだろうか。そうだとすると、なぜ、私たちにはこのような感情が備わっているのだろう。私たちが怒るのは、自分が確保していたスペースを許可なく使用されたとき、自分の持ち物を奪われたとき、邪魔をされたり、悪口を言われたりしたときなどだろう。一般化すると、自分自身の存在、自分の縄張りや所有物を侵害された場合である。このようなとき、私たちは眉間に縦皺を寄せてにらみつけたり、大声で怒鳴ったり、場合によっては相手に手を上げてしまうかもしれない。

このような怒りの反応にはどのような意味があるだろう。怒りを表すことは、相手が、自分にとって重要なものを侵害していることを伝え、その行動を控えさせることにつながる。もし、私が怒りの反応を示さなければ、その相手は、私のものを、自分のものとみなすことになる。もし、怒りの仕組みがなければ、生きていくための資源を確保することができなくなってしまうことになりかねない。とはいえ、怒りの感情やそれによって生じる争いごとはなるべく避けたいものだ。実際、怒りと怒りが衝突すれば紛争が始まる。個人と個人の間であればケンカだが、国家のような大規模な集団間の紛争は戦争と呼ばれる。領土や支配権をめぐる争いなど、今も戦争が絶えることはない。

次に、恐怖はどうだろう。私たちが怖いのは、危険がさし迫っていたり、苦痛を与えられることが予想できたりするようなときである。恐怖の感情のおかげで、私たちは身の安全を確保することができる。その場所から逃げ出したり、危険に備えて準備をしたりするし、普段は親しいわけでもない人たちとも協力し、団結しようとする。危険や苦痛がそれほどはっきりしていないときには不安を感じるが、事態に備えて、対処しようとするという点は共通している。

極度の恐怖や不安はうつなどに結びつき心身の問題になりうるが、適度な不安は日々の生活において重要な役割を果たしている。たとえば、期末テストや入学試験。よい点が取れるか、合格できるかはあらかじめわかっているわけではなく、もしうまくいかなければ、苦痛を伴う事態である。そのようなとき、私たちは、苦痛を味わわなくてもよいように備える。つまり、勉強するということになる。新年度に新しいクラスになったときや、大学に入って今までとは勝手が違う状況になったときも、私たちは不安を感じる。その不安のおかげで、周りの人と仲良くなろうとしたり、オリエンテーションでの教師の説明を一生懸命聞いたりする。不安のおかげで、不確定要素を減らし、新しい環境にも適応しやすくなるのである。

先に、怒りの衝突が紛争に至ることを取り上げたが、実際には個人レベルの怒りが、直接、戦争に結びつくことはない。しかし、このような感情は、集団を動かす力として、権力者によって間接的に利用されているのである。特定の国や集団を不当にふるまう敵とみなすことで、自国民に怒りを喚起させる。さらに、敵が攻めてくるかもしれないと恐怖をあおることで、軍備を増強し、先制攻撃を行うこともやむを得ないという世論を作り出すといったことが、歴史的にも、また、現在の身近な生活の中でも実際に生じている。

感情反応の三つの側面と感情の社会化

感情には三種類の反応があると考えられている。一つ目は、心臓がどきどきする、胃がギュッと締め付けられる、呼吸が苦しくなるといった身体内の生理的反応、二つ目は、笑顔や怒った表情、声の変化のような外に表れる表出行動である。生理的反応とは感情が身体を動かしていることそのものであり、表出行動は、その人の内的感情状態を他者に知らせる役割を果たしている。さらに、三つ目に、「うれしい」、「腹が立つ」、「悲しい」といった主観的体験と呼ばれる反応がある。

主観的体験は、意識という、内的世界への感情の表れと説明することができる。感情は、もし、意識にのぼらなければ、生理的反応や表出行動のような自動的な反応として生じるだけで、自分自身の体験として自覚することはできない。意識という内的世界に、自分自身の身体に生じている感情に関する情報が現れ出て、はじめて、自分は「うれしい」とか、「腹が立った」といった体験として自覚できるのである。この、主観的感情体験は、私たちの社会生活を円滑なものにするうえで、非常に重要な役割を果たしている。

幼い子どもたちは、相手や状況にかまわず、感じたままに感情的にふるまう。しかし、成長の過程で、親などの身近な人たちから、もう大きくなったのだから、そんな顔をしてはダメと言われたり、こういう具合に振舞いなさいとしつけを受けたりすることになる。これは社会化のプロセスと呼ばれるが、この社会化によって、感情を調整し、管理すること、つまりコントロールすることを学び、集団の中での適切な行動、感情の表し方についてのルールを身につけていく。このとき、感情の表出行動と、主観的体験が大切な役割を果たす。つまり、子どもの感情状態は、怒ったり、泣いたりといった感情表出を通して、はじめてその子どもを取りまく身近な人たちに伝わる。それを手がかりに、場面に照らし合わせてその表出の適切さが評価され、不適切であれば、調整を促すフィードバックが返ってくることになるが、そもそも表出行動がなければ、その人（子ども）の感情を知る手掛かりはない。さらに、自覚された感情体験が伴うことで、子どもははじめて、腹が立っているとか、悲しいといった自分が体験している特定の感情の表出を調整することが求められていると理解できるのである。

感情表出のルールとその文化差

このようにして身につけられた感情表出のルールは表示規則と呼ばれ、そのはたらきとして、「強調」、「最小化」、「中立化」、「偽装化」がある。たとえば、友人から誕生日のプレゼントをもらったとすると、たとえそれが気に入らない場合にも、うれしさを「強調」して大きな笑顔でお礼を言うことがある。逆に、「最小化」は、実際に感じている感情の強さよりも弱く見えるようにふるまうことである。また、「中立化」は、先輩に嫌味を言われて腹が立ったが、怒りの感情が表に出ないように真顔でやり過ごすような場合を指し、「偽装化」は、笑顔で本当の感情を隠すような場合である。

社会における人間の行動は、このような表示規則のはたらきによって調整されているが、なかでも、業務が感情の調整を伴うような場合は、感情労働と呼ばれる。とくに、接客に関わるようなサービス業や看護や介護をはじめ、対人対応を伴うあらゆる仕事が、感情の調整を必要とする。あるファーストフード店は、スマイル０円というサービスを看板にし、不愉快な客に対しても笑顔で接することを従業員に求める。看護士も患者に笑顔で接することが期待され、同時に、不満や怒りのような感情表出に対しては抑制が強く求められる。

ところで、表示規則は、私たちの生活圏である集団の中で適切と見なされる表出行動に関するルールである。そのため、集団が異なれば、ルールも異なり、行動の管理や調整の仕方も変わってくる。当然、文化や居住している国や地域が異なれば、さまざまな表出行動の違いが観察される。たとえば、日本では、人前で失敗したときによく笑顔（ジャパニーズスマイル）が観察されると言われるが、そのような習慣のない文化では、同様の場面で笑顔が表出されることは例外的であり、不誠実な印象を与えてしまうこともある。ある集団における、周りへの気遣いとしての笑顔は、所属集団が異なる相手には誤解を与えるだけではなく、ネガティブな印象を与えかねないのである。

この章では、日常生活から異文化間交流の場面までを取り上げ、感情が社会に影響を与えるとともに、感情が社会の影響を受けて調整されるものであることを見てきた。私たちの行動や思考には、常に感情が関わっている。一度、自分が一日に体験した感情をすべて書き出し、自分の人間関係や、家族や学校のクラスのような身の回りの集団、さらには、地域の自治体や国のようなより大きな集団の動きを見直してみてはどうだろう。また、本章では取り上げることができなかったが、デジタル化・オンライン化が進展した現在の社会環境では、インターネットという仮想空間は、もしかすると、みなさんにとって、最も身近な人間関係の場であるかもしれない。オンライン空間における感情の役割についても、是非考えてみてほしい。

最後に、本章で紹介した理論や用語などが解説されている文献を紹介しておく。感情についてもう少し調べてみたい人は、参考にしてもらいたい。

参考文献

- 今田純雄・中村真・古満伊里（二〇一八）『感情心理学』培風館
- 日本感情心理学会（二〇一九）『感情心理学ハンドブック』北大路書房

第II部

言葉から人間と社会を読み解く視点

言葉のための身体感覚
——「あいうえお」から始める

松井　貴子

第一言語としての日本語

第一言語は、周囲の人々の言語使用を真似て習得される。第一言語を使う日常生活で不自由や不具合を感じることは、ほぼない。日本語を第一言語として話すとき、母音の「あいうえお」に注目することは、ほとんどないであろう。それで、日本語には特有のリスクがあることが、ほとんど認識されないままになっている。

日本語には母音の音が五つしかない。母音は、声帯が振動して出る音が、発音する音を作る器官の形に応じて変化することで、それぞれの音が作られる［米山 二〇〇七：四六］。そのため、ほぼすべての音が子音＋母音である日本語では、常に声帯を使うことになり、多くの外国語に比べて、声帯に過大な負担がかかる［米山 二〇〇七：五四―五八］。

それにもかかわらず、日本では、話すための、適切な声の出し方が教えられていない。

数千の漢字習得を要する国語学習では読み書きが優先される。音楽の時間に習うのは歌唱であり、話すことではない。教育課程では、声帯に負担をかけない効率のよい発声法を習得する機会がない。そのまま成長して、将来的に声帯を傷めてしまうリスクを負うことになる。自分の声を大切に、一生使うために、日本語に適した発声や正確な発音を学ぶことが、何よりも重要なのである。

響きのある声で、明瞭に発音する身体使いを習得することは、面接やプレゼンテーションで、とても役に立つ。機能的な姿勢と場の意識を獲得することで、緊張や苦手意識を緩和し、自信を持って臨むことができる。

母音の構音

母音の順序が「あいうえお」であることに疑問を持ったことがあるだろうか？「あいうえお」は、母音ごとに、口や顎を大きく動かして形を変える必要があり、明瞭に発音するのは、本当は、とても難しい。音を作る構音器官が、連続的に自然な動きになるのは「いえあおう」である。［米山 二〇〇七：六五―六六］こちらの方が、はるかに発音しやすい。鏡を見ながら、次のような動きをしてみよう。

い…上の前歯が見えるように、口角を左右にしっかりと引いて、にっこり笑顔を作る

え…「い」から、顎関節で下顎骨が前方に回転して、顎が下がる（下顎の力を抜く）

あ…「え」から、さらに下顎が下がり、上顎が上がって、口の中が大きな空間になる

お…「あ」から、口角を正中に寄せて、口の形が縦長になり、頬が少し前方に行く

う…「お」から、下顎が上がり、唇が軽くまとまる（唇を突き出さず、皺を寄せない）

この動きをした後に、「あいうえお」を発音すると、「いえあおう」との違いがわかる。

日本語は口先だけでも音を作ることができてしまうため不明瞭になりやすい。五十音の音が単音ではなく、子音と母音で構成されていると意識して、一つ一つの音を丁寧に発音することで、明瞭な音を作ることができる。音を作る器官の動きを意識すると力が入りがちになるかもしれない。口元の力を抜こう。口を閉じたままで開かないようにして、音を作る（構音）動きをする。その後、口の動きを解放して発音すると、舌、口腔、顎、頬の筋肉など、必要な構音器官の動きが感じられて、よりよく使えるようになる。言いにくく感じていた音も言いやすくなるのである。

呼吸する横隔膜と肋骨

呼吸は、横隔膜と肋骨の動きで肺の大きさが変化して、通常は無意識に継続される。横隔膜は、腰椎（腰部の背骨）から、肋骨と胸骨の下部に付着して、胸郭内にドーム型に盛り上がる筋肉である。胸骨は身体の前側で肋骨とつながり、心臓の高さにある。胸郭は、胸椎（胸部の背骨）、肋骨、胸骨が形成する籠状の骨格である［ダイモン 二〇二〇：五—一六］。その中で、横隔膜は、息を吸うと、より平たくなり、息を吐くと戻る。吸気のとき、背中で肋骨が膨らみ、体側で肋間が広がり、前面では胸骨が少し持ち上がる。呼気では、胸骨→肋間→背中の順で元に戻る。呼吸に合わせて背中、脇、胸に、てのひらをあてて、この動きを感じることができる。横隔膜と肋骨の動きを、視覚的にイメージすると効果的である［ディスマー 二〇一五：四六—四九］。腹式呼吸をすると、横隔膜より下で腹圧がかかり、骨盤が体幹をしっかりと支えてくれることが感じられる。

呼吸という言葉は、呼気（吐く息）が先にあり、吸気（吸う息）が後に続いている。無意識のうちに息を止めていることに気づいたら、まず息を吐こう。

発声

日本語の発声で最も大切なのは、喉を使い過ぎないように、声帯に負担をかけないで息を通すことである。次のような呼吸と発声を試して、共鳴と喉の感覚をつかんでほしい。腹壁（体幹前側の腹筋群）を背中に向かって一気に押すように動かすと、横隔膜が上がって、肺が押し上げられ、気管から鼻に息が通る［フランクリン 二〇一〇：一一六―一一八］。これが、喉で音を作らない感覚の手がかりである。

小鼻が左右に広がるように息を吸い、鼻の奥まで息を通す。鼻中の広がりを保って、鼻から息を出す。この呼吸で、声帯に力を入れないように注意して、呼気に有声音を加える。唇は軽く閉じたまま、ハミングするように、軽く音を出す。声帯での息の振動が、鼻の奥から頭蓋骨の内側に響き、背骨を通って全身にも伝わり、共鳴する［フランクリン 二〇一〇：一一九―一二二］。ここまでできたら、母音を言ってみよう。

声量は息の量と連動し、声の響きは共鳴によって作られる。息の強さや長さを、腹筋と背筋が協働する腹壁の動きで調整して、呼気が声帯にかける力をコントロールすることができる。自分にとって最適の発声法を見つけよう。自分の声を録音して探究すると効果的である。

機能的に座る姿勢

椅子に座るとき、坐骨、骨盤、背骨、首の後ろ側、頭が、どのようにつながっているか、自分の身体に意識を向けてみよう。坐骨は、座位でお尻の下に手を入れると触れる骨で、左右に一つずつある。座面に接した坐骨を支点として、下腹の腹筋を使って、丹田（臍の下）あたりから、骨盤を前傾、後傾する動きを起こして繰り返すと、骨盤に連動して、背骨から頭まで動きが伝わる［ディスマー二〇一五：六二―六三］。首の後ろが緩んで、頭の重さが軽くなり、沈んでいた背中が上の方に伸びた感じ、何時間でも座っていられる感じがしたら、それが自分にとっての機能的な姿勢である。

信じられないかもしれないが、折り畳み椅子で、解剖学的機能に適った座り方ができる。浅く腰掛けないで、座面の全体に乗るように座ることが要点である。それで、骨盤を後ろに倒さないように、少しだけ腹圧をかけて支える。そして、腰から背中、首へのつながりを感じながら、背中の肩甲骨下端あたりを、椅子の背もたれで軽く支える。体幹の筋肉に適度な力が入り、背骨のＳ字カーブが活きてくる。重い頭を、骨格が支えてくれるので、首の後ろは固まらない。筋肉に、力を「入れる」のではなく、力が「入る」のである。この感覚が、とても大切である。

場を意識する空間把握

緊張すると、意識が向く範囲が小さくなり、身体が固まってしまう。そのようなときは、顔を上げて、部屋の天井の四隅の角に目を向けるとよい。天井を見て、その高さを知る→天井から床まで、柱をなぞり見るように目線を動かして、床を見る→目線を正面に向けてから、右を向いて、自分の右側にあるものを見る→左を向いて、左側にあるものを見る→後ろを向いて、背後の様子を知る。このようにして、自分のいる空間を把握すると、とじこもった意識が解放される。

自分がいる空間の立体的な高さ、平面的な広さ、そこに何が存在しているのか、など、その場の状況を自分で能動的に認識することで、そこが自分の居場所となり、心が落ち着くのである［フランクリン 二〇一二：二三―二四］。ここで、呼吸と姿勢を整えて、発声、構音の準備をすれば万全である。

身体感覚を磨く

言葉を使う身体感覚は、日本語のためだけのものではない。構音、呼吸、発声、姿勢や場の意識は、他の言語を使うときにも応用できる。言語に関わる解剖学的な身体機能は、進化の過程でホモサピエンスとして獲得したものだからである。

自分の身体をどのように使っているか、自分に意識を向けて観察し、現状を認識する。そして、無意識に行っていたことを言語化し、より快適な使い方を探究する［Franclin 2023:37-44］。自分の身体使いを、よいか悪いか、正しいかどうか、評価することはやめる。自分の身体に起こる変化を感じて、心地よく使うことを習慣づけよう［フランクリン 二〇二二：一〇―一七］。身体感覚が活性化して、新たに獲得した動きは、時間の経過とともに定着する。日常の隙間時間に反復、継続して実践すると効率がよい。

解剖学的な機能に適った身体の使い方をすれば、不具合を起こす可能性が低くなる。機能的でない使い方をしていることに自分の感覚で気づき、それを変えることができる。人にはそれぞれ、日々の仕事や勉強、活動に応じた行動様式があるので、身体使いは、個人の生活スタイルに合ったものであることも大切である。自分が感じる快さを探求しよう。それは、きっと楽しい。身体感覚の受容と変容、自分自身を探究し、新たに発見する喜びが、人生を変える。

参考文献

- ディスマー，モートン，ゆかりディスマー（二〇一五）『フランクリンメソッド　骨盤力エクササイズ』〈SJセレクトムック〉エリック・フランクリン監修，スキージャーナル。
- フランクリン，エリック（二〇一二）『フランクリン・メソッド　首のリラックス，肩の解放』ディスマーゆかり訳，スキージャーナル。
- フランクリン，エリック（二〇一〇）『フランクリン・メソッド　骨盤力』ディスマーゆかり訳，スキージャーナル。
- 米山文明（二〇〇七）平凡社新書377『美しい声で日本語を話す』平凡社。
- ダイモン，セオドア（二〇二〇）『イラストで知る　発声ビジュアルガイド』竹田数章監訳，篠原玲子訳，音楽之友社。
- Franklin, E.（2023）*Dynamic Alignment Through Imagery*, 3nd ed., Human Kinetics.
- 「付記」フランクリンメソッドについて，画像から視覚的に理解するための参考情報
- FRANKLIN METHOD JAPAN・Imagery Creates Inc. http://franklinmethodjapan.com/，二〇二四年三月一日閲覧。

日本語のジェンダーによる差異について考える

高山　道代

言語形式上の男女差

日本語に現れる社会的差異の代表例として、ジェンダーに関わる表現がとりあげられることが多い。日本語におけるジェンダー差は男女差の形で現れ、研究史においても「男性語」、「女性語」などと呼ばれてきた。現代日本語における男女差は以下のように人称代名詞や文末形式に典型的に現れることが広く知られている。

- 「―ぞ」、「―か」、「―な」、「―よ」、「―わ」、「―の」、「―ね」等の文末助辞
- 「ぼく」、「おれ」、「きみ」、「あたし」、「あなた」等の人称代名詞
- 「だ」、「である」などの言い切りの述語形式（断定形式）使用の有無

中でも、この現象は女性が使用する言葉に対する特徴づけ（マーキング）現象として知られており、本章ではこうした女性の使用する言葉（以下、「女性語」とする）の特徴に

焦点をあて、日本語にみられる男女による表現の差異について考えてみたい。

言語形式上の男女差

現代日本語における「女性語」としての特徴づけは、近年、減少傾向にあるという指摘がある（尾崎一九九七、小林一九九七、遠藤二〇〇二など）。尾崎（一九九七）は、「終助詞『わ』のように、女性であることを積極的にマークする形式の使用が先行して衰退し、助動詞『だ』の〈不使用〉のように、女性であることを消極的にマークする形式の使用がその後を追う、という形になっている」とする。また、こうした女性話者の使用する「女性語」の変化に加えて、遠藤（二〇〇二）が指摘するように、「職場の男性は雑談でも敬体を使うことが多いこと、『あら』『のよ』『わ』の使用などから、従来女性専用といわれてきた語を使用する例があること、その一方で従来男性専用と言われた語句の使用が減ってきていること」といった男性話者のことばの変化も見られ、その結果、従来「女性語」として捉えられてきた表現が現代日本語においては中性化しつつあるとみることができる。

ただし、現状ではこのような日本語における男女差の中性化現象は世代間で相当な相違があるのではないかと思われる。筆者の担当する授業（二〇二三年度「ジェンダー論」）

において、「—よ」、「—わ」などの従来「女性語」の特徴とされてきた文末助辞の使用について学生に尋ねると、若い世代同士の会話では女性話者でも使用することはほとんどなく、年輩女性が使用しているのを聞くことがあるという回答が複数寄せられた。また、従来「男性語」の特徴とされてきた「だ」、「である」などの言い切り述語形式に関しては、男女を問わず一定程度の使用があり、使用の有無と男女差との有意な関係ははっきりとは認められないようであった。日本語における男女差の減少傾向は若い世代の会話の中で特に進んでいるのではないかと予想される。

「丁寧さ」における男女差

文末助辞や断定述語形式の使用において特に若い世代で男女による言語形式上の差異が見出しにくくなっている現状を考えると、現代日本語における男女差はこれまでの研究で指摘されているように、確かに減少方向に推移していると言えそうである。

しかし、一方で、「ぼく」、「おれ」、「あたし」などの自称代名詞、「あなた」、「きみ」などの対称代名詞、固有名詞を使用した「〇〇さん」、「〇〇くん」、「〇〇」（呼び捨て形）等の相手に対する呼称形式の選択の仕方においては依然として男女による差が観察できるのであり、言語形式上の男女差は無くなってはいないようである。

また、男女共に使用が認められる自称代名詞「わたし」、「わたくし」については、「女性のほうがよりフォーマルな形式を使う」傾向があり、「同じ語についていえば女性が使う場合のほうが丁寧度が低い」との指摘がある（小林一九九七）。これは同一語である「わたし」を男女ともに使用する場合、男性が使用すると丁寧な表現として受け取られ、女性が使用すると普通の表現として受け取られるというように、使用した際の「丁寧さ」の受け取られ方に男女差があるという指摘である。

現代日本語における男女差は、一部の言語形式上の差異については減少傾向にあるものの、「丁寧さ」の面においては、いまだ確かな差異が存在しているといった状況にありそうだ。

「女性語」の本質

ところで、これまでにみてきた「女性語」としての表現上の特徴は、いずれも談話において、相手に話しかける際の配慮の表明としての言語形式であった。鈴木（一九九三）は「女性語」の本質を「〈話し手の聞き手に対する丁寧さに関する配慮〉のひとつ」であり、「普遍的な丁寧さの枠組みの中で論じられるべきもの」であるとしたうえで、「人間関係を円滑にするための言語ストラテジー」（宇佐美二〇〇二）と定義されるポライトネス理論の枠組みの中に「女性語」を位置づけ検討をおこなっている。

「女性語」という呼称はあたかも女性特有の言語が存在することを思わせるが、鈴木（一九八九）の次の指摘のように、「女性語」と「男性語」は二大別されるような類のものではなく、連続的な関係といえる。

> 男性用と女性用の二種類の日本語が並列して存在しているわけではない。聞き手との融和・協調を基本とした女性的な発話と、聞き手と話し手との境界をはっきりさせ、指示・命令・断定・意志の表明などを基本とした男性的な発話が連続して存在しており、その中間には男女どちらにも使用される言い方がかなり広い範囲にわたって存在している。［鈴木　一九八九：一］

こうした指摘からもわかるように、「女性語」だけでなく、「男性語」も含めたジェンダーによる言語の差異全体が「丁寧さ」の枠組みの中で論じられる対象となる。また、ジェンダーによる言語の差異の本質が普遍的な「丁寧さ」という待遇態度にあるのだとすると、現代日本語については、いまだ本質的な部分において差異が存在しており、中性化は道半ばにあるといえそうである。

日本語におけるジェンダーによる差異については言語形式上の差異の有無に関わらず、背後にある「丁寧さ」の多面的な様相の中で今後も検討していく必要がありそうだ。

参考文献

●遠藤織枝（二〇〇二）「男性のことばの文末」現代日本語研究会編『合本　女性のことば・男性のことば（職場編）』「男性のことば・職場編」ひつじ書房，三三―四五頁。
●尾崎喜光（一九九七）「女性専用の文末形式のいま」現代日本語研究会編『合本　女性のことば・男性のことば（職場編）』「女性のことば・職場編」ひつじ書房，三三―五七頁。
●小林美恵子（一九九七）「自称・対称は中性化するか？」現代日本語研究会編『合本　女性のことば・男性のことば（職場編）』「女性のことば・職場編」ひつじ書房，一一三―一三四頁。
●国際交流基金日本語教育通信『日本語・日本語教育を研究する』第一八回，六―七頁。宇佐美まゆみ「ポライトネス理論と対人コミュニケーション研究」二〇〇二年一月，https://www.jpf.go.jp/j/project/japanese/teach/tsushin/reserch/backnumber.html，二〇二四年三月二一日閲覧。
●鈴木睦（一九八九）「いわゆる女性語における女性像」神戸大学『近代』六七号，一―一七頁。
●鈴木睦（一九九三）「女性語の本質―丁寧さ，発話行為の視点から―」『日本語学』一二巻六号，一四八―一五五頁。

第二言語文法獲得のナゾと言語学

木村　崇是

第二言語文法に潜むナゾ

近年では、世界中で第二言語が学習される時代であり、第二言語の文法を学び、文法知識を身につける（獲得する）仕組みの解明が求められている。本格的な第二言語文法獲得の研究は一九八〇代頃に始まったばかりであり、未だ仕組みの解明には到底至っていないが、一般的に想像されるような内容とは大きく乖離する興味深い数多の事実が明らかになってきている。本章では、第二言語文法獲得に潜む「ナゾ」について、「明示的には知らないのに無意識のうちに知っている」、そして「明示的に知っていても使えない」という二つの側面に注目して紹介する。また、それらのナゾを解くには、（リンゴが木から落ちるという現象を十分に説明するのに理論物理学の知識が必要であるのと同様に）言語学という基礎研究領域を学ぶことが重要であるということも示唆したい。以下ではまず、第二言語の話をする前に、ヒトという種がもつ言語知識について考え、言語の興味深い一面について紹介する。そして、そのような言語知識を、第二言語学習者も身につけることができるのか考えていく。

「知らない」けれど「知っている」文法知識

はじめに、我々ヒトという種がもつ言語知識の性質について考えてみよう。我々は、言語化して説明することができない一方、無意識的に知っている類の抽象的な文法知識をもっている。そのような言語知識の存在は、とても奇妙に聞こえるかも知れないが、実は極めて一般的なものである。例えば、初対面の人に対して自己紹介する場面で「私が鈴木です。」と言うと、日本語母語話者であれば違和感を覚えるだろう。しかし、なぜこの状況では「私が」はおかしく、「私は」と言うのが自然なのか、説明できる日本語母語話者は少ないだろう。この例に代表されるように、我々は母語に対して無数の無意識的な文法的知識をもっている。そして、本能的に鳥が鳴き、魚が泳ぐように、ヒトもまた、本能的に言語（特に、無意識的な文法知識を含む）を獲得し、話すのである。動物たちの行為の多くは、親から教わることもなく遺伝的にプログラムされている。これと同様に、ヒトも言語知識を獲得する能力を生まれつきもっており、親や教師から教わったわけでもない無意識的かつ抽象的な言語知識を、短期間のうちに（概ね四から五歳頃までに）身につける。

これらの点について、例を基に考えよう。日本語では、繰り返される名詞句を比較的自由に省略することができる。例えば、「山田先生の授業は面白いが、鈴木先生のは面白くない。」というように、「鈴木先生の授業」の中の「授業」という名詞句は省略ができる。しかし、実は常に名詞句が省略できるわけではない。例えば、「晴れの日は気分が良いが、雨のは気分が悪い。」という文では、先程と同様に名詞句が省略されているが、この文は日本語の文として容認されない。しかし、我々はこのような知識を教わって身につけたわけではない。というのも、言語学者でない限り、そのような些細な文法規則には気付きすらしないし、奇跡的に気付けたとしても、すべての子どもがそのような文法規則を教わって身につけるとは到底考えられない。というのも、そのような、非言語学者には導けないような微細な文法規則は各言語に（発見されているだけでも）数千、数万と存在することから、我々がもつ言語知識は教わって身につけたものばかりでないことが容易に窺い知れる。寧ろ、言語知識は、その話者が「（明示的には）知らない」のに「（無意識的には）知っている」という不思議な性質をもっている。

外からそのような文法規則に関する情報が入り得ないのであれば、そのような知識の源として考え得る最有力候補は、内部、すなわち生まれつき、原始的な言語知識の雛形のようなものがヒトには遺伝的に備わっているという可能性であろう［Chomsky, 1986 ほか］。ここではこれ以上深くは立ち入らないが、何らかの生得的な言語の雛形的存在が、我々の言語知識の獲得を最適な形で補助していると考えれば、知能が未成熟な子どもが、短期間で複雑かつ抽象的な文法知識を無意識のうちに形成し、どの子どもも凡そ同程度に完璧な母語の知識を獲得できる事実が説明される。

第二言語における無意識的言語知識

さて、母語知識の話も大変興味深いが、ここからは第二言語学習においても母語と同じように教わらずに言語知識を身につけることができるのか考察しよう。日本の英語教育などの場では、第二言語はある程度成熟してから、教室や塾などで意識的に学習することが多い。そして、母語獲得とは学習環境や学習開始時期が大きく異なり、母語のような無意識的な知識の獲得には至らない可能性がある。

この問題について考えるために、次の例を取り上げよう。英語では、Tom swam under

the bridge. という文には二通りの解釈がある。一つは、「橋の下で泳いだ」という場所読みで、もう一つは、「橋の下を（通って）泳いで行った」という経路読みである。このように、英語では主語の物理的位置が移動しうる動作を表す動詞が、場所を表す前置詞と一緒に使われると、多義的に解釈できる。一方、日本語の対応文「マイクは橋の下を泳いだ。」は場所読みしかもたず、経路読みをするには、「マイクは橋の下を泳いで行った。」というように、移動を表す動詞「行く」を付加する必要がある。この日本語と英語の違いの対比に基づくと、日本語を母語とする英語学習者が、当該の英文をどのように解釈するのかは興味深い問いである。Yotsuya et al. [2014] は、英文と、場所読みまたは経路読みを表現する絵をそれぞれセットにして学習者に提示し、絵が描写する状況で提示された英文のように言えるか判断させた。調査の結果、日本語を母語とする英語学習者は、日本語にはない経路読みも獲得していることがわかった。このことから、第二言語においても、母語話者同様に、教わっていない言語知識を知らず知らずのうちに身につけていることがわかる。このような事例は言語背景に拘らず多数判明しており、第二言語獲得が教室で学んだことのみを基盤としているわけではないことがわかる。

「知っている」けれど「使えない」文法知識

次に、第二の側面について考えよう。英文法獲得には大変な困難を伴うが、英語の文法事項の中には、中学校等の学習初期段階で習うものも多い。三単現 -s がその好例で、大人の英語学習者であれば誰もがその規則・性質について容易に説明できる。しかし、日本語を母語とする学習者の場合、英語で会話をする時には、頻繁に -s 等を落としてしまうことが知られている[Shirahata, 1988 ほか]。このように、第二言語の文法獲得には「明示的に知っているのにできない」という側面がある。三単現 -s の脱落の原因について、複数の仮説の検証を行いながら掘り下げてみよう。

最初に思いつく仮説の一つは、学習者の母語である日本語に三単現 -s にあたる形（屈折）が存在しないことに起因させるものである。便宜上、これを「母語影響仮説」と名付けよう。では、この母語影響仮説の妥当性を検証してみよう。この仮説を検証するためには、母語に似たような屈折がある言語を母語にもつ英語学習者にも同様の傾向が見られるか調査すれば良い。White [2008] による口頭産出調査によると、豊かな動詞屈折をもつフランス語を母語にもつ中級・上級英語学習者でさえ、三単現 -s の産出率は六割程度に留まり、母語に屈折があれば容易というわけではないようである。

関連する仮説として、そもそも学習者が主語と動詞を一致させるという文法知識を欠いているという「文法知識欠如仮説」も検討してみよう。この仮説を検証するために、be動詞について考えてみよう。三単現 -s 脱落の原因が主語・動詞一致の知識の欠如にあるならば、be 動詞に対しても同様に主語と動詞の一致の失敗が見られ、主語と be 動詞の形態に不一致が見られることが予測される。しかし、Shirahata [1988] の報告によると、be 動詞を正確に産出することは、日本語を母語とする英語学習者にとって非常に容易である。また、White [2008] によると、この傾向は中国語・フランス語話者にも見られるようである。従って、学習者が -s を落としてしまう原因は、関連する文法知識の欠如に起因するわけではないことが窺える。

また、さらなる可能性として、三単現 -s の音声上・見た目上の目立ちにくさに着目した「目立ち度仮説」を考えよう。この仮説は、学習者は -s を落としてしまう一方、-s より目立ち度が高い be 動詞は正しく使用できることから一見支持されるように思われる。さらなる検証のため、三単現と同じ音をもつ複数形 -s を検証しよう。目立ち度仮説が正しければ、複数形 -s は三単現 -s と同程度に脱落が観察されるはずである。予測に反し、日本語を母語とする英語学習者は早期から複数形 -s を使用できることが報告されている [Shirahata,

1988]。従って、目立ち度という指標は三単現 -s 脱落の決定的な要因とはなり得ないと結論づけられる。

要約すると、ここまで考察した仮説はどれも実証的な調査によって反証される。このように、一見とてもシンプルに思える問題でも、科学的に妥当な説明を与えるのは実は容易ではないのである。

第二言語のナゾ解明と言語学

一般的に、(第二) 言語のような身近な存在に関する「ナゾ」は、安直な発想に基づく仮説が検証されないままに事実のように語られることがよくあるが、理論的には、本章で論じたような生得的 (遺伝的) 言語知識など、根本的原因の存在の可能性が考えられる。また、本章後半で見たように、言語学に基づいて検証・考察を行うと、大抵の場合、素朴な仮説は全く説明として成り立たないことが判明する。第二言語に関する「ナゾ」について語る時にも、身近な物理現象を説明するのに物理学の知識や数学的素養が必要であるのと同様に、言語学を学ぶことで言語の本質ならびに (第二) 言語獲得の真の姿が見えてくるであろう。

参考文献

- Chomsky, Noam. (1986) *Knowledge of language: Its nature, origin, and use*, Praeger.
- Shirahata, Tomohiko. (1988) "The learning order of English grammatical morphemes by Japanese high school Students," *JACET Bulletin*, Vol.19, pp.83–102.
- Yotsuya, Atsuko.,Asano, Masanao., Koyama, Sayaka., Suzuki, Kazunori., Shibuya, Mayumi., Iwagami, Eri., Endo, Kazuki., Ono, Minami., Takeda, Kazue., and Makiko Hirakawa. (2014)" Crosslinguistic effects in L2 acquisition: Strong/weak resultatives and the directional/ locational interpretation of PPs in L2 English by Japanese Speakers, "in Ryan T. Miller et al. eds., *Selected Proceedings of the 2012 Second Language Research Forum*, pp.89–100.
- White, Lydia. (2008) "Some puzzling features of L2 features,"in Juanna Liceras, Hulmet Zobl and Helen Goodluck eds., *The role of formal features in second language acquisition*, Lawrence Erlbaum Associates, pp.300–326.

基本母音と外国語学習

湯澤　伸夫

湯澤研究室のオフィスアワー。学生の朝比奈さんがドアをノックする。

湯　澤：どうぞ、お入りください。

朝比奈：失礼します。

湯　澤：その椅子に腰かけてください。

朝比奈：ありがとうございます。

湯　澤：メールの件ですね。

朝比奈：はい、そうです。先日、本で基本母音を学んだのですが、よく理解できませんでしたので、分かりやすく教えていただけますか。

湯　澤：分かりました。私たちが使う言語音は、母音と子音に大別できます。基本母音は母音に関することです。母音を発音するときは、まず、空気を吐きながら声帯を振動させ、声を発生させます。では、私たちはこの声を使っていろいろな母音をどのようにして発音していると思いますか。

朝比奈：口の形を変えてでしょうか。

湯　澤：そうですね。もう少し具体的に考えてみましょう。例えば、日本語の「い」と「え」を発音するときは口の形はどのように違いますか。

朝比奈：「え」の方が「い」より口の開きが大きいです。

湯　澤：そのとおりです。同じように、「う」と「お」を比べると、「お」の方が口の開きが大きくなります。そして、「あ」の場合はもっと大きくなります。こうした口の開きの違いが母音の発音に影響を与えています。

朝比奈：はい、分かります。

湯　澤：口の開きと言いましたが、口の開きと舌の位置は連動しますので、母音を考える際は舌の位置を考えます。「い」は「え」より、そして、「う」は「お」より舌の位置が高く、「あ」の場合はこの五つの母音の中で舌の位置が一番低くなります。

朝比奈：そうですね。では、「い」と「う」の違いは何ですか。両方とも舌の位置は高いと思いますが、どのようにしてこの二つの母音を区別して発音しているのですか。

湯　澤：良い質問です。まずは、唇の形が違います。「い」の場合は唇が左右に引かれ、「う」の場合は唇が丸くなります。しかし、もっと重要な違いがあります。舌の高さには目立った違いはありませんが、舌の形が異なります。「い」の場合は舌の前方が盛り上がり、「う」の場合は舌の後方が盛り上がります。

朝比奈：難しいですね。

湯　澤：舌の形を頭に思い描くのは簡単ではないかもしれませんが、「い」と「う」を何回か繰り返して発音してみてください。舌の形、特に舌の盛り上がっている場所が変化するのが感じられますか。

朝比奈：あっ、分かりました。

湯　澤：良かったです。母音を発音するときは、この舌の盛り上がっている場所が重要になります。この場所は、顔を横から見たときの口の中に想像上の四角形を描き、その高低軸での位置と前後軸での位置の交点として表されます。この四角形は、母音四角形と呼ばれ、一般に、上底が下底より長く、右側の辺は上底および下底と直角になる台形で表され、左側が顔の前方に相当します。母音はすべて母音四角形の中に収まります。

朝比奈：ということは、母音四角形の外で発音する音は母音ではないということですか。

湯　澤：そのとおりです。そして、母音四角形と基本母音には密接な関係があります。具体例を考えましょう。日本語の「い」を発音するときに、強く唇を左右に引いて、ちょうど小さな子供が不機嫌なときに「いーだ」と言うときの「い」を発音してくれますか。

朝比奈：こうですか。

湯　澤：もう少し強く。

朝比奈：こんな感じですか。

湯　澤：はい、そうです。これが「い」に類似した音が母音として認識できるギリギリの音となります。この母音を発音する際は、舌の盛り上がっている場所は、高低軸では最上、前後軸では最前の位置にありますので、母音四角形の左上の頂点に相当します。この母音は、基本母音の一つで、基本母音一番と呼ばれます。

朝比奈：そういうことだったのですね。基本母音の意味が少しずつ分かってきました。

湯　澤：良かったです。先ほど、母音四角形の外で発音する音は母音ではないということに気づかれましたが、基本母音一番を発音する時の舌の位置をさらに前にそして高くして、母音四角形の外で発音すると、雑音が混ざります。こんなふうにです。

朝比奈：随分と音が違いますね。

湯　澤：この音は母音ではなく、子音となります。では、次の基本母音を考えてみましょう。あくびをするような口の構えで、「あ」と言っていただけますか。

朝比奈：こんな感じですか。

湯　澤：そうですね。もう少し口の奥から発音できますか。

湯　澤：はい、それで結構です。この母音を発音するときに、舌の盛り上がっている場所は、高低軸では最下、前後軸では最後にありますので、母音四角形の右下の頂点に相当します。この母音は基本母音五番と呼ばれます。

朝比奈：この二つ目の基本母音の特徴、よく分かりました。

湯　澤：では、三つ目の基本母音に移りましょう。今度は日本語の「う」を蝋燭の炎を消すような唇の形をして発音してくれますか。

朝比奈：こんなふうですか。

湯　澤：もう少し唇に力を入れて、唇を尖らせてくれますか。

湯　澤：どうですか。

朝比奈：いいですね。この母音を発音するときに、舌の盛り上がっている場所は、高低軸では最上、前後軸では最後にあり、母音四角形の右上の頂点に相当します。この母音は基本母音八番と呼ばれます。

湯　澤：分かりました。これで母音四角形の三つの頂点ができましたね。

朝比奈：そうですね。では、母音四角形の最後の頂点、左下の頂点に相当する基本母音を考えてみましょう。この母音は基本母音四番と呼ばれますが、この母音を発音するときに、舌の盛り上がっている場所は、高低軸では最下、前後軸では最前になります。今回は、日本語ではなく英語の map の母音から考えてみましょう。一般に日本語を母語とする英語学習者はこの母音の発音を苦手としています。

湯　澤：私もなかなかうまく発音できません。

朝比奈：この母音は、日本語の「あ」とはまったく異なります。現代の標準イギリス英語の map はこの基本母音に似ています。詳細は省きますが、現代の標準アメリカ英語のこの母音の音質は異なります。標準イギリス英語よりも舌の位置は高いところで発音されます。

朝比奈：基本母音四番は、どのようにすればうまく発音できますか。
湯　澤：まず、基本母音一番を発音してみてください。
朝比奈：どうですか。
湯　澤：いいですね。それから、舌の形を変えずに、下顎を徐々に下げてください。
朝比奈：こんな感じですか。
湯　澤：なかなかいいですね。でも、日本語の「あ」の影響を受けているようです。舌の盛り上がっている場所がもう少し前にあるといいのですが。
朝比奈：頑張ってみます。こんな感じですか。
湯　澤：そうです。よくできています。これで母音四角形が完成しましたね。世界中で話されている言語の母音はすべて、母音四角形の中にありますので、母音四角形は母音を表すための地図と言えます。
朝比奈：母音四角形の意味と大切さがよく分かりました。一つ質問ですが、四つの基本母音は数字が飛んでいますが、なぜですか。
湯　澤：いいところに気づきましたね。実は、一番と四番の間、そして、五番と八番の間にそれぞれあと二つの基本母音があります。母音四角形と基本母音の関係を図示すると次のようになります。なお、ここでは各基本母音は算用数字で表します。

湯澤は次の図を紙に書いて朝比奈さんに示す。

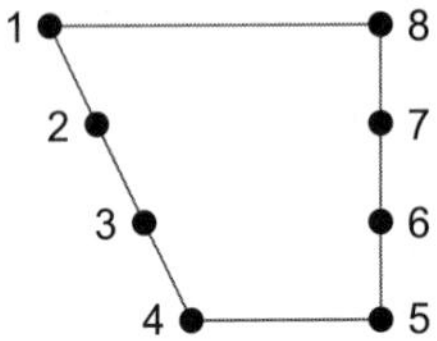

湯　澤：基本母音二番と三番は「え」のように聞こえる別々の母音です。韓国朝鮮語やフランス語などにこの違いがあります。六番と七番は「お」のように聞こえる別々の母音です。標準アメリカ英語と標準イギリス英語の talk などの母音にもその違いが見られます。

朝比奈：そうなんですね。

湯　澤：この八つの基本母音の音質は、外国語の母音を学ぶときに基準点として活用できますので、とても便利です。英語を例にしてみましょう。先ほどお話ししたように、標準イギリス英語の map の母音は四番に近いです。また、peak の母音は一番に近く、arm の母音は五番に近いです。Pool の母音は八番に近いですが、正確に言うと、現代の発音は中央寄りになっています。Bed の母音は三番に近く、talk の母音は標準イギリス英語では七番に近く、標準アメリカ英語では六番に近いです。ちなみに、標準ニュージーランド英語の bed の母音は二番に近いです。このように基本母音の音質を知っていると、外国語の音声を学ぶときに、母語の音声の影響を受けずに、正確な音質を知覚し発音しやすくなります。

朝比奈：良く分かりました。英語の例は分かりましたが、他の外国語の音声の例を教えていただけますか。

湯　澤：では、フランス語の例を考えてみましょう。例えば、vélo の最初の母音は二番に近く、mère の母音は三番に近いです。また、peau の母音は七番に近く、pomme の母音は六番に近いです。

朝比奈：日本語の「え」と「お」に近い母音がそれぞれ二種類あるのですね。

湯　澤：そうです。他の例として、韓国朝鮮語でも、鼻血とコーヒーの発音の違いは、それぞれ七番と六番の違いと関係します。

朝比奈：基本母音を知っていると外国語の母音の学習に役立つことが良く分かります。

湯　澤：基本母音の話をもう少し進めましょう。母音の区別には唇の形も重要になります。一番から五番までは唇の形は丸くありませんが、六番から八番までは唇の形は丸くなります。どうですか。

朝比奈：あっ、そうですね。分かります。

湯　澤：さすがです。実は、各基本母音の唇の形を逆にしても発音できるのです。一番から五番までは唇を丸くし、六番から八番までで唇を広げるのです。そうするとまったく別の音色の母音になります。それぞれ、基本母音九番から基本母音一六番となります。例えば、一番と九番の違いは、フランス語の ici と tu を例にすると、このようになります。

朝比奈：全然違いますね。

湯　澤：そうです。ici の両方の母音と tu の母音はまったく異なります。それから、十番に近い母音は petit の最初の母音などに見られ、十一番に近い母音は cœur などの母音に見られます。それぞれ、二番と三番の音質とまったく異なります。

朝比奈：フランス語の母音の学習は大変そうです。

湯　澤：そうですね。どの言語にも難しい音声があります。韓国朝鮮語には、八番と一六番に相当する母音の違いがあります。

朝比奈：つまり、二種類の「う」があるということですね。

湯　澤：そのとおりです。今回ご説明した例はごく一部ですが、このように基本母音の概念とその音質を知っていると、外国語の母音を正確に知覚し発音するのに役立つのです。

朝比奈：母音四角形は外国語学習に役立つ魔法の四角形ですね。

湯　澤：おっしゃるとおりです。もっとお話しできることがあるのですが、今回はこれまでにしましょう。

朝比奈：分かりました。本日はありがとうございました。

湯　澤：どういたしまして。

朝比奈さんは足取りも軽く湯澤研究室を去る。

多文化社会におけることばの教育

立花　有希

ことばの教育の枠組み

「ことばの教育」と聞いて、何を連想するだろうか。国語や英語といった言語科目かもしれないし、漢字の読み書きを覚えたり文法や構文を習ったりしたことかもしれない。具体的な内容は違えど、多くの人が日本の学校や大学の教室を思い浮かべたのではないか。そうした場所では、基本的に学習者は言語的に同質である（と捉えられている）。そこに、たとえば外国出身だとか海外生活が長かったとか、日本語以外の言語を（も）日常的に使っている人々が加わると、それは例外的な事情と認知され、特別な手当てが用意され（たり、何らの配慮もなされなかったりす）る。そのような基本と例外、標準と逸脱、という暗黙の、かつ強固なフレームワークから何とか自由になれないだろうか。そして、一人一人が真にことばの力を身につけることのできる理想的な道を考え出せないだろうか。ことばの教育の見えない枠組みを浮かび上がらせ、そこから脱した上でことばの教育のあるべき姿を構想するきっかけとなることを期待して、以下にドイツの状況を参照してみたい。

言語の広がり

日本に生まれ育つと、国の境が言語の境でないことを体感する機会が少ない。そもそも「外国語」という日本語表現が、異言語（foreign language＝英、Fremdsprache＝独）は外「国」の言語だとすでに語っている。言語の数を特定することは難しく、六千とも七千とも言われるが、いずれにしても国家の数よりもずっと多い。そして、それらは各国に平均的に散らばっているなどということはもちろんなくて、重層的に入り組んでもいる。たとえば、ドイツ語はドイツだけでなく、オーストリアやスイス、ルクセンブルク、リヒテンシュタインで公用語（の一つ）となっている一方、ドイツ国内には、デンマーク語、フリジア語、ソルブ語、ロマニ語といった土地に固有の歴史的背景を有する少数言語の話者がいる。一つの言語が複数の国の公用語となり、同時に、一つの国の中に複数の非公用語が存在するということである。さらにドイツには、就労を目的とする外国人とその家族、内戦などから逃れてきた難民、ドイツ民族の祖先をもつ帰還者、域内を自由に移動する権利を有する

ＥＵ市民といった人々が、ドイツ国外からさまざまな言語を持ち込み、その子や孫も含めて相当数の話者がそれらの言語を使っている。かれらの多くは、そうした出身地の言語に加えてドイツ語その他の言語も日常的に用いている。そのような多言語状況で、ことばの教育はどうあるべきか。あるいは、どうあることができるのか。

言語的多様性と言語教育

ドイツで言語的多様性が拡大した背景の説明として最初に言及されるのは、一九五五年から一九七三年にかけて二国間協定に基づきドイツ（旧西ドイツ）に入国した外国人労働者の存在だろう。それは、教育テーマとして言語的多様性を語る上でも同様である。イタリア、スペイン、トルコ、ユーゴスラビア（当時）といった国々の出身者であるかれらの子どもがドイツの公立学校に多く通うようになった。一九六〇〜七〇年代からそうした子どもへの教育的対応として一連の施策が講じられ、言語に関してはドイツ語教育と母語教育の二つが柱となっていた。現在のところ、日本の外国人児童生徒教育で母語教育が体系的に整備される兆しは見られないが、ドイツでは、少なくとも政策上、母語教育の実施が明確に打ち出されていたということになる。それはドイツのみならず欧州の他国や欧州の共通政策レベルでも確認される動向であった。たとえば、フランスでは「出身言語と文化の教育」（ELCO）として母語教育が実施されたことが知られているし、欧州共同体（EC）でも一九七七年に「移住労働者の子どもの学校教育に関する理事会指令」において、EC加盟国の国籍を持つ移住労働者の子どもに対して、受入国の公用語の教育とともに、母語や出身国文化の教授を促進するよう加盟国に要請している。

　ドイツの場合、母語教育の目的は、当初は主に外国出身家庭の子どもの帰国能力の保持にあり、かれらの定住化傾向が認められるようになって以降は文化的アイデンティティの尊重という側面に置かれるようになった。当時の西ドイツの各州では省令で母語教育を制度化していたが、実際の実施状況については、州の間にも提供される言語の間にも大きな開きがあった。なかには、欧州レベルの多言語教育政策と重ね合わせる形で、移民の子どもを対象とする母語教育の枠組みを移住背景のない子どもの外国語教育の場としても活用できないかと模索する州もあったし、他の州でも母語教育（近年は出自言語教育と呼ばれることが多い）の枠組みにおけるイタリア語授業にイタリア系ではないドイツ人の子どもが参加しているのを実際に目にしたことがある。それは、言語教育体制の設計における自由度の高さについてのヒントになるかもしれない。

日本では、日本人の児童生徒には国語教育＋外国語（非英語）教育、外国人や外国生活の長かった日本人の児童生徒には日本語教育と、完全に別建てになっている。日本人にしても外国人（ないし帰国生）にしても、言語に関する経験・能力・関心は実に多様であり、今後ますます多様になっていくものと予想される。とするならば、現在のように言語教育の対象と目的とを限定する硬直的な発想ではなく、学習者の言語的な背景《バックグラウンド》や必要《ニーズ》に応じて柔軟に提供される教育のあり方が求められよう。これは、欧州評議会が提示した複言語使用（plurilingualism）の考え方にも通底する。そこで、次節では、この複言語使用という概念に少し触れてみたい。

複言語使用

複言語使用は、多言語使用（multiculturalism）との対比で説明される概念である。多言語使用が「社会あるいは個人のレベルで異なる言語が共存している状況」を表すのに対し、複言語使用は「言語の使用者・学習者である個人が有する、ダイナミックに発展する言語レパートリー」を重視している［Council of Europe 2020］。多言語使用という語からは、カナダで英語とフランス語が公用語になっているとか、ある人が日本語の他に英語と中国語を習得しているとか、言語がパッケージとして複数並んでいる構図が思い描かれがちなので、言語を使用・学習する主体である個人の中に存するさまざまな言語資源《リソース》が組み合わされて活用され、伸長していく状況に目を向けるときには、複言語使用という新しい語でそれを表現しようとしていると理解される。

つい先日、留学生から日本語で何というかわからないときに英語をカタカナ化すると乗り切れることがあるという話を聞いた。飲食店で「お皿」という単語が思い出せなかったが、plateから「プレート」をくださいと言ってみたら通じた、と。「個々人の言語体験は、その文化的背景の中で広がる。家庭内の言語から社会全般での言語、それから（学校や大学で学ぶ場合でも、直接的習得にしろ）他の民族の言語へと広がっていくのである。しかしその際、その言語や文化を完全に切り離し、心の別々の部屋にしまっておくわけではない。むしろそこでは新しいコミュニケーション能力が作り上げられるのであるが、その成立にはすべての言語知識と経験が寄与するし、そこでは言語同士が相互の関係を築き、また相互に作用しあっている」［欧州評議会 二〇〇四］。このような観点を複言語主義という語をもって強調しているわけであるが、先の留学生の例に限らず、実は経験的には広く実感されてきたことかもしれない。何かを理解したいとき、何かを伝えたいときに、それまでに身につけてきたあらゆる言語知識と経験を総動員することは日常的にある。自分の最も得意な言語が相手と違っているときなどは特にそうで、母語、外国語、身振り手振り、表情などありとあらゆる表現手段を駆使して、伝えようと試みる。そしてその経験が総体としての「ことばの力」を伸ばしていく。わざわざ複言語使用なる概念を持ち出さなければならなかったのは、そうした現実が言語教育の制度設計には生かされてこなかったということの裏返しなのかもしれない。

ことばでつながる～ことばの力を育む

最後に、少し理念的な検討を試みて、結論としよう。

ユルゲン・ハーバーマスというドイツの社会哲学者がいる。ハーバーマスは、『公共性の構造転換』や『コミュニケーション的行為の理論』などの著作で知られるが、ここではかれの著した「日常語・学術語・教養語」（一九七八年）という小さな論考を引きたい。その中でハーバーマスは、公共圏を「公衆が共通の関心事について了解し合う」空間とし、そこで使われることばを「教養語」と呼ぶ。教養語とは、職業世界や学術界のある一分野における専門知と個々人による世界の解釈とを媒介することばと説明されている。たとえば、医学の世界には医学の世界に固有のことばがある。その世界の人たちは、その世界で確立された知の体系と実践上の経験とを共有しているので、確度の高いコミュニケーションをとることが可能である。そのコミュニケーションに使われていることばをハーバーマスは専門語と名指した。その世界の外にいる人々に、この専門語は理解されない。すると、その世界は閉じてしまう。しかし、医学の世界で起きていることには、「公衆が共通の関心事について了解し合う」のに必要な内容が含まれている。すなわち、公共圏へ開かれる必要がある。専門語で語られていた内容は、教養語となることによって公共圏で人々に広く共有され、議論されうるようになる。

ハーバーマスが描いたこの理念型をもとにして考えると、わたしたちが、そして社会が、なぜことばの教育を必要とするかについて、直接的な効用とは違った観点を得ることができると思われる。そして、多文化社会とは、この教養語でつながることがますます重要になっている社会だといえる。このように考えれば、ことばの教育とは、他者を理解し、自己を表現し、ことばで世界とつながる力を育む営みであることが、いっそう深く理解されるだろう。個人と社会のニーズとリソースに応じて、ことばの力を自在に伸ばしていける環境が求められている。

参考文献

- Council of Europe (2020) *Common European Framework of Reference for Languages: Learning, teaching, assessment–Companion volume*, Council of Europe Publishing, Strasbourg.
- Habermas, J. (1978) Umgangssprache, Wissenschaftssprache, Bildungssprache. In: *MERKUR* Nr. 359, S. 327-342〔吉村博次訳（一九八二）「日常語・学術語・教養語」『同志社外国文学研究』33・34, pp. 139-157〕
- 欧州評議会〈吉島茂ほか訳〉（二〇〇四）『外国語の学習、教授、評価のためのヨーロッパ共通参照枠』朝日出版社。

第Ⅲ部

多様性を捉える視点

信頼を築くための共通語の決め方

吉田　一彦

残る後悔

四十年近く過ぎてもいまだに後悔していることがある。それは、フランス留学中、さまざまな国出身の母語の異なる仲間たちと過ごす日常の中で、他の日本人学生に向けて話す場面になると、決まって共通語のフランス語から日本語に切り替えたことだ。寛容な仲間たちは、その聞き慣れない日本語の音列の響きに好奇心を持ちつつ笑顔で聞き流してくれてはいたが。

私のしたことが、《わからない人にはわかってもらわなくてけっこう》という、何とも横柄な態度だったと気づかされたのは、現在も勤務する大学で二十年ほど前に留学生教育担当の教師になってからのこと。中国人留学生たちは、中国語を即座に聞き取って理解することのできない私がいる前で彼ら同士話すとき、話題が何であれ、迷わず日本語でしたのだった。これには、中国語はいわゆる「方言」間の差異が異なる言語間ほども大きいため、普段の慣れた話し方で相手に話が通じなければ標準語に切り替えて話すということに慣れている中国語話者の特殊事情がもちろん関係している。しかしそこには、コミュニケーションの場を共有する小さなコミュニティーの構成員全員に通じる話し方をしようという配慮が確かにあり、見習うべきものである。まさに、SDGs の基本理念「誰一人取り残さない」である。このことに気づいて以来、世界のどこで誰と話すときも、同じく日本語を母語とする人が集まりに混じっていても日本語は使わず、その場で共通語として選ばれている言語で通すことにしたのである。

共通語とは何か

「共通語」とは、母語などよくできる言語が異なる人同士が、話すことで理解し合おうとするとき、これならお互い理解し合えるという期待とともに使用する言語のことである。これは、異なる言語の話者間の場合もあれば、異なる方言の話者間の場合もある。言語学の用語の中でも最も日常的に使われるものの一つであるが、コンセプトを理解して使っている人はそう多くない。（特に日本の場合は、たまたまどちらも一種の東京方言を指すという偶然が原因で、「標準語」と混同されがちである。）

そもそも完ぺきではなくても話が通じるよう工夫して使うのが共通語なのだから、実際にそれによって話されたこと、書かれたものは、基本的に妥協の産物である。規則に照らした正確さよりも、話が通じて役立ったという結果が重視される。また、共通語として使う言語は、一つに限る必要はまったくない。初めに選んだ言語で言いにくいことは、別の通じる言語で言えばよい。こうした経験の蓄積から、世界に住む人の半数以上が実際バイリンガルかそれ以上の多言語話者であり、モノリンガル（言語を一つだけ話す人）は少数派である。（もちろん、少数派で悪いということはまったくない。）そして、二つ以上の言語を混ぜて話すコード・ミキシングが頻繁に起きる。これが言語コミュニケーションの場で実際に起きていることである。話者数の多い世界の大言語は、まずはどれもさまざまな理由で共通語として使われるようになり、その後に母語として話す人の数が増大し、さらに共通語として使われる幅を広げる。この繰り返しが、世界の大言語が共通に話者の数を増やした仕組みである。

言語の優劣を、話者数を基準にして語る人がいる。しかし、話者数の多い言語には、話者数の少ない言語に比べて何か普遍的に優れた特質があり、それが原因で話す人が多いのだと論じるなら、それは世界の言語の歴史的変遷から見て誤りである。では、逆向きに思考してみよう。人はなぜ、ある言語を学んで話したくなるのだろう。その理由を、異なる言語を話す人との間に共通語を持つこととみることができる。あるいは、数の制限がないのだから、共通語にできる言語を増やすことで、話し相手を理解する手段を増やすためとも考えられる。

私が言語研究者だという理由でよく尋ねられる質問の一つは、自身の将来のために、いったいどの外国語を学ぶべきかという質問である。（あるいは、国際学を志す人が一度は自身に問う問いでもあるだろう。）そう尋ねる人の共通点として、世界にその言語の話者が何人ぐらいいるか気になって仕方がないようである。私は決まって聞き返すことになる。「いったい誰と話したいんですか。」そして質問者は決まって答えに窮する。具体的に誰か意中の話したい人がいるわけではないのだろう。しかし、外国語を共通語として使うものと捉えなおしてほしい。もし誰も話すべき相手がいないのなら、世界に何億人話者がいる言語であっても無価値である。逆に、世界に話者がもう一人しかいない危機に瀕する言語でも、その最後の一人が大切な人なら、その言語の価値は計り知れない。

共通語の決め方

うちの近所で、あるいは、通っている学校の校舎で、このごろ新しい人を見かけるようになった。その人は衣服も立ち振る舞いも見慣れた同国人とは異なっている。ある日、駆け寄ってくる足音が聞こえるので振り向くとその人だった。微笑むその人が手に持っているのは、私のお気に入りのスカーフだった。私が落としたスカーフを、その人は拾ってくれたのだ。

こんな状況があったら、あなたはその人と意思を通じ合わせたいと思うだろう。どの言語を共通語として選ぶだろうか。選ぶ根拠がないときは、通じるかもしれない言語で試すしかない。

いわゆる「地域の外国人」を支援しようとする日本の住民たちには、同じような状況が生じているわけだが、共通語として選ぶべきは日本語だと信じて疑わない人がこんなにも多いのは、いったいなぜだろうか。これまでの経験や実績からすれば、共通語として機能する最有力候補は、英語ではないだろうか。理由は、第一に、母語話者数では中国語やスペイン語にはかなわないものの、使用者数では世界一を誇る。第二に、世界のほとんどすべての国の義務教育で教えられており、言葉を交わしてみたい「外国人」もすでに学んでいる可能性大である。第三に、アセアンなど、ほとんどの地域機関の公用語に指定されており、「外国人」にもなじみの言語かもしれない。そして、この住民自身が義務教育で何時間もかけて学んでいるではないか。（もちろん、場所が日本なら、日本語も有力候補である。ただし、その「外国人」が望めば、である。）

相互にとっての外国語を共通語とする良さ

英語を共通語として選んだ場合について考えてみよう。経験的な話になるが、よくある展開を考えてみたい。

この「外国人」の母語が英語なら、相手の母語で意思疎通に奮闘する先住民の努力はリスペクトされるだろう。国籍がどこか、英語が母語であるか否かを問わず、英語の表現力や正確さを基準として人の価値を測れると信じる人々もいるが、そんな単純思考の人々のことはとりあえず置いておく。

もし互いにとって英語が唯一学んだことがある外国語だが、初級レベルにとどまっていたのなら、それはラッキーな状況かもしれない。少しずつゆっくりと英語の表現力と互いの信頼関係を同時に構築していける可能性があるのである。私が担当する「多言語コミュニケーション学」という授業では、一学期間一五回のコースで毎回の授業に十分ずつ、フランス語またはスペイン語を教えるのだが、学期の後半には、それらの言語は、ともにグループワークをする仲間同士の挨拶言葉や、互いの調子を気遣う言葉、相談中にリアクションし合う言葉として、定着することがある。こうした基本的な人間関係を構築し維持するのに使う言語は、実はどれでもよいのである。英語でいけないはずはない。

関係が深まり、付き合いが多様化してくると、語り合いたいことの内容も高度になってくるので、それに必要な単語や表現を学んで使ってみようという動機付けが生じる。そして、苦労して学んだ表現を使ってみて、それが相手に通じたときには、大きな喜びを経験するに違いない。努力が報われたことは、新しいことを学ぶ意義についての確信につながり、さらなる学習を動機づけるだろう。首尾よく通じなかった場合も、その原因を探して問題解決しようという次の学習行動につながる。そのような負の経験も、新たなコミュニケーションの工夫を生み、表現技能を改善させる良質のフィードバックになるのである。そして、意思を通じ合おうとする両者の強化された英語力は、両者をさらなる深みを持った交流へと導いていく…。

外国語の上達を願う人の発想に、なぜこのような想像が欠けているのだろうか。「アジアの中でトップクラスの英語力を目指す」ある国の政府のグローバル化に対応した英語教育改革には、具体的な話し相手に関する想像が含まれていない。身近なところに「地域の外国人」がいるというのに。

伝え合うべき隣人、そして共通語

さて、意思を通じ合わせたい人の存在が意識され、コミュニケーションの試行が始まり、そのための共通語が一つ、二つ、使われ始めたとする。その段階ではたして「多文化共生」というコンセプトは有用なものだろうか。私はそうは思わない。「互いの文化的ちがいを認め合」うことは自明のことであり、「国籍や民族」といった各人が持つ異なる属性を意識しつづける必要などない。あなたと「外国人」という二人の人間の間には、埋めるべきインフォメーション・ギャップが存在し、手にした道具である複数の共通語を使い、埋めるための不断の工夫が続いていく。こんなことは、グローバル化が叫ばれる十数世紀も前から、人は知っていた。このクルアーンの一節からもわかることである。

人々よ。本当にわれらはあなたがたを男と女とに創造し、また民族と部族にしておいた。

これはあなたがたに、互いのことを知り合うようにさせるため。（四九章「私室」一三）

参考文献

●総務省「多文化共生の推進に関する研究会報告書」二〇二〇年八月、https://www.soumu.go.jp/main_content/000718726.pdf, 二〇二四年二月七日閲覧。

●クルアーン日本語読解制作委員会「クルアーン　日本語読解」東京ジャーミイ出版会、二〇二三年二月一日、https://tokyocamii.org/wp-content/uploads/2022/03/QuranNihongoDokkai_edition01_03.pdf, 二〇二四年二月七日閲覧。

友だちについて考える
―身近な疑問を研究課題にして

リーペレス　ファビオ

身近にある大切な関係

九〇年代初期にデビューしたイギリスのアイドルグループ「スパイス・ガールズ」の名曲の一つに「ワナビー」という曲がある。歌詞は“if you wanna be my lover, you gotta get with my friends”から始まり、恋人になる条件を歌っている。一見ラブソングのように始まるが、続けて聴いていると、“friendship never ends”のサビが印象的で、実は友情ソングだということに気が付く。これは異性との恋愛を超えた女性同士の友情を称える内容になっている。ホラー作家のスティーヴン・キングは、友人である数人組の子どもたちが怪奇的な出来事に直面するも、互いの友情によって乗り越えていくという筋書きの作品を多く発表している。私は映像化された映画作品しか観たことがないことをことわっておくが、例えば『IT』『ドリーム・キャッチャー』『スタンド・バイ・ミー』である。『スタンド・バイ・ミー』

の主題歌であり同名の曲は、ベン・E・キングによって一九六一年に発表された楽曲であり、とりわけ有名だろう。その歌詞は、友だちが側にいれば怖いものなんてないという内容である。私の洋楽と洋画の趣味のレパートリーから友だちをテーマにしたものをさらに掘り出せば、八〇年代の音楽を代表するディオンヌ・ワーウィック、スティービー・ワンダー、エルトン・ジョンとグラディス・ナイト等による共演『愛のハーモニー』や、ビル・ウィザースによる『リーン・オン・ミー』などがある。テレビドラマでは、ニューヨークで暮らす六人の男女を主人公とした『フレンズ』がある。これらの内容は、友だちを持つことの尊さや悦びを謳っている。友情や友だちを主題とした映画や楽曲は多くあり、私たちの人間関係の中でも、友だちという関係が身近なものであることを物語っている。さらに友だちという存在、そしてそれをつなぎとめる友情は、尊く、清らかなものであるかのように理想的に描かれている。

上述した楽曲や映画などで描かれる友人像のように、友だちは、私たちが生きる社会の中では身近で大事な人間関係であるようだ。私たちは日常生活の中で、多くの場合、学校の同級生や職場の同僚の中でも特に親しくなった人を「友だち」と呼んで、特別な関係を築いている。そんな友だちと余暇を一緒に過ごすことで退屈な時間が愉《たの》しい時間に変わったり、仕事や勉強に協力したり、困ったときは助けてくれたりすることもあるだろう。

ところが、「友だち」と呼ばれる人には、どこか違う気がするつながりのある人もいる。たとえば、SNS の友人だ。Facebook や LINE などには、「友だち」という項目の下に家族やバイト先の同僚や昔の同級生などの連絡先があるだろう。ほとんど会うこともなければ、一度も会ったことがない人もいるだろう。そうした人々を「本当の友だち」と呼ぶのをためらうかもしれないが、なんとなく「友だち」としてつながっている。

その上、友だちという関係は変わることもある。親しみが深まって恋愛に変わり、恋人になったり家族になったりすることもある。もつれが生じて友だちだった人と絶縁することもある。時間と距離によって疎遠になることもある。さらに「友だち」は人間に限らない。“men’s best friend”という言い回しがあるように、ペットの犬を指すこともある。

そもそも、私たちはいつからどのような過程を経て、どのようなやり取りを行なって「友だち」になるのだろうか。親しくなった人と「友だち」という関係だと明確に定義づけるものは何だろう。たとえば恋愛関係は、「告白」をして肯定的な返事が返ってきて、そして「別れ話」をして破綻するように、儀礼的な手続きを経て始まりと終わりが明確になる。ところが、友だちにはそれがない。

どうやら、私たちが生きる社会では、友だちを持つことやそのつながりや形に大きな意味を与えているようだ。しかし、友だちというのは、可変的で不安定な上に曖昧で不明確な関係のようだ。なんとも厄介な関係だ。

前置きが長くなってしまったが、本章では、友だちについて考えてみたい。とりわけ、私がどのような経緯を通して友人関係という問題に関心を寄せ、なぜこの問題に着目し、どのような資料を集めて整理したのかについて、次節でみていこう。

友だちについて考える

私は、連続的な国際移動を繰り返して育ち、複雑な文化的背景を持つ人々を「どこにいてもストレンジなストレンジャー」と捉えて、彼ら／彼女らのライフストーリーを収集している。たとえば、国籍の異なる両親の間に生まれ、幼少期の頃は親の仕事の都合で国際移住をしたり、青年期には留学をしたり、就職のため別の国に移住したり、移動の中に生きる人々がいる。このような人々の多くは、様々な社会の中で生活する過程で複雑な文化を身に付けて育つ。彼ら／彼女らが自らの移動の経験や、移住先で出会った人々との関わりにどのような意味付けをしているのかを私は考えている。

そんなストレンジャーのライフストーリーを聞き出す中で、彼ら／彼女らは他所《よそ》へ移住するたびに、故地で築き上げた人間関係から疎遠になり、移住先の社会で新たな人間関係を作り親密になっていることに私は気が付いた。見知らぬ社会で新たな人間関係を作り生活するのは難しいことである。しかしストレンジャーが移住先の社会で新しい言語を習得して異なる文化に馴染む背景には、友だちと呼ばれる人の存在があったのだ。

彼ら／彼女らは友だちとのつながりを通して、学校や職場に限らず、コネやツテなどを得て、新しい社会の習慣を教わって早い時期から馴染み、まるでもともと社会の一員であったかのように生活している。ストレンジャーは、移住先を変えるたびにこのような友人を作り変え、疎遠と親密な関係を繰り返しているのだ。

こうした面白い現象に気が付いて、私は、ストレンジャーが出会った「友だち」とは具体的にどのような存在で、どのような経緯で知り合い、互いにどのようなやりとりをして関係を親密にしまたは維持しているのか、そして、どのようなことをすると疎遠になるのか、そもそも「友だち」とは何か、といった疑問を抱くようになった。

友だち研究を手探り

問題設定ができたところで、次に「友だち」に関する知見を様々な学問分野から渉猟《しょうりょう》する必要がある。大概は哲学が手掛かりとなる。友人や友情をめぐる議論は、遡《さかのぼ》れば、アリストテレスの時代から行われていた。当時のギリシャの哲学者は、人生において愛する友だちを持つことの重要性を説いた。愛するに値する要素として、「善良」と「有用」と「快楽」が挙げられた［アリストテレス 一九七三：八七］。つまり、優れた性質を持っている人、自分の目的を達成するために役に立つ人、そして一緒にいて愉快な気持ちにさせてくれる人が友だちだとされた。

次に社会学である。アランによると、友人は、役割や地位や利害目的のある親族や同僚のように制度化されないものだという［アラン 一九九三：二四］。これに対して、ギデンズは、友人関係が「この人と付き合わなければならない」理由、すなわち契約、役割、目的に支配されていると主張する一方で、そのような理由に拠らず「この人とつながりたい」という欲求と親密な感情のみによる「純粋な関係」としての友人関係も認めた［ギデンズ 二〇二一：一四八］。

それでは、人の生き方の意味を探究する文化人類学では、「友だち」はどのように描かれてきたのだろうか。いくつかみてみよう。アメリカの一部の社会では、互いに深い信頼を置き合う親しい友人を "brother from another mother" と呼ぶ。訳すならば、異母兄弟を意味するが、親族であるというわけではない。しかし、クリスマスや感謝祭のように、普段は家族の集いとされるものに招待することもある。要するに、兄弟のように、またはそれ以上に愛し合っている友人ということだ。東アフリカの緊張をはらむ地域では、異なる民族は互いに「敵」同士だが、ふとしたことをきっかけに二者間の友人関係が築かれ、互いの家で歓待し合う。両者は命をかけて敵地にある友人の家を訪問し贈り物をすることで互酬性のある関係を維持している［佐川 二〇一八］。中国にはグァンシーと呼ばれる間柄があり、それは親族や同僚や隣人でもなりえて、互いに信頼し助け合う社会的ネットワークである。仕事や商売において、自分の利益になるようグァンシーに手助けを受けるなら、自分も依頼に応じて手助けしなければならない。義務と相互扶助を伴う関係でもある。ネパールの観光市場では、商人と観光客の間で互いに「友だち」と呼び合い商品の取引をすることがある。商人と観光客は騙し騙され、詐欺に懐疑的でありながらも、取引の交渉をする［渡部 二〇一八］。利害を一致するために「友だち」という関係を戦術のように使っている。

「友だち」には家族に匹敵する関係から胡散臭《うさんくさ》い関係まである。文化人類学による知見を整理してみると、四つの枠組みから理解が試みられる。まず、親族的なつながりの延長、贈与と互酬性、相互扶助、そして責務と債務を伴う契約である。これらの枠組みをヒントに、ストレンジャーが移住先で出会った人々との友人関係を理解することができそうだ。しかし、疎遠だけど親密な関係を説明するにはまだ不十分だ。つまり、ストレンジャーが移住先の人々とどのような交渉を通して疎遠な関係から親密な関係になるのかが課題なのだ。理解を深めていくには、友人を持つことの意味を、社会的文化的文脈を広げて考え直す必要がある。つまり、自分が考える「友だち」と一般的にいわれる「友だち」の意味を振り返りながら、どうしてこのような考え方が自分の生きる社会、他者が生きる社会の中であるのだろうかと、色々と交差させながら、考える必要がある。

友だちとは何かについて考えてみると、考えるほどわけが分からなくなってくる。しかし、考えた末に思いついた新たな理論枠や概念を上手に述べることができたときには、この上ない悦びがある。「ほんの少しだが、人間について分かった気がする」という達成感がある。

参考文献

- アラン，グラハム（一九九三）『友情の社会学』仲村祥一・細辻恵子訳　世界思想社。
- アリストテレス（一九七三）『ニコマコス倫理学（下）』高田三郎訳　岩波文庫。
- ギデンズ，アンソニー（二〇二一［一九九一］）『モダニティと自己アイデンティティ――後期近代における自己と社会』秋吉美都他訳　ちくま学芸文庫。
- 佐川徹（二〇一八）「友を待つ：東アフリカ牧畜社会における「敵」への歓待と贈与」『哲学』一四〇巻、一四七―一八三頁。
- 渡部瑞希（二〇一八）「友人の仮面に促される消費――カトマンズの観光市場、タメルにおける宝飾品取引から」『文化人類学』八三巻一号、七八―九四頁。

「見える／見えない」まちから、広がり重なるまちへ
――新大久保を歩く

申 惠媛

「新大久保」を知っていますか？

東京都新宿区大久保地域、その中でもＪＲ新大久保駅から明治通りに突き当たるまでの大久保通り、これとほぼ並行する職安通りの周辺と概ねその間に囲まれたエリアが、近年「新大久保」と呼ばれ、多くの観光客で賑わっている。

観光地化の一次ピークといえる二〇一〇年頃を過ぎたあたり、卒業論文のテーマを探していた筆者がこのまちと研究という形で出会ってから、すでに十年以上が経つ。それ以来、色々な場所で研究の話をさせていただいたが、大学の教室で学生の前に立つときには冒頭の質問を投げかけてきた。これまで、宇都宮大学はもちろん、東京都内や北海道でも、誰かしらは手を挙げてくれ、まったく知らないという空気になったことはまだない。それだけ、昨今の新大久保というまちは、特に十代～二十代の学生たちにとって全国的によく知

られた場所になっている。

「見える」まち？——若者で賑わう韓国文化のまち

それでも、このまちをあまり知らない人のために、まずはこのまちのよく「見える」側面を伝えてみたい。二〇二四年一月、前述した新大久保の辺りを歩いてきた。寒いけれど天気の良い土曜の昼下がり、JR山手線の電車を降りてホームを歩いていると、すでに改札へ向かう階段が混雑している様子が見えてきた。大混雑の階段を降り改札を出て、駅の東側へ向かう。塗り直されたばかりの天使モチーフの壁画が鮮やかなガード下を抜けると、韓国を中心とする「エスニックな」店舗が並ぶことで有名な新大久保商店街のエリアに入る。この日は、横断歩道から車道にはみ出てしまう人を押し戻すように「横断歩道を渡ってください」という声が上げられていた。

大久保通りはとにかく人で溢れかえっていたが、その多くは若者である。男女を問わず、制服を着た学生たちもいれば、もう少し年齢層が上と思われる人たちも楽しそうにショップを覗き込んだり、食べ歩きフードの列に並んだりしていた。道端で流行りの「10円パン」を頬張る人たち、韓国コスメのテスターや K-POP アイドルのキャラクターグッズ、韓国の雑貨商品を手に取る人たちとすれ違いながら、混み合う道路を進む。

飲食店も多数立ち並び、総合的な韓国料理のお店から「チーズタッカルビ」など特定料理の専門店、韓国風中華料理といったニッチなお店まで様々である。最近では、SNSを通じて大きな人気を得た「韓国っぽい」カフェが急速に数を増してきた。「映え」を意識した装いのドリンクやデザートを宣伝する看板やメニュー等が目を引き、韓国系店舗の専門化・多様化を実感する。

大久保通りから伸びる通称「イケメン通り」を通って職安通りに出ると、新大久保駅前に比べて落ち着いた雰囲気になるが、それでも賑わいは続いていた。面白いのは、韓国風中華、焼肉、定食など、韓国からの飲食チェーン店をあちこちに見かけることである。一方、「老舗」の韓国系スーパーも盛況で、お土産に人気の菓子やラーメン類に加え、韓国の餅や惣菜、韓国料理に使用される日本ではちょっと珍しい食材、業務用と思われる調味料なども目にすることができる。

以上のような風景は、新大久保に立ち寄らずとも、SNSを開いて「#新大久保」のハッシュタグをたどるだけでも怒涛のように流れ込んでくる。韓流・K-POPの聖地、韓国料理が楽しめるまち、韓国の最新の文化に触れられる場所、SNSで話題の観光地——それが近年、新大久保（特に駅の東側）を訪れたときにおそらくよく「見える」（見えやすい）このまちの姿である。

「見えない」まち？——「多文化共生」のまち

筆者は以前、Tokyo: Visible/Invisible City というタイトルの授業にゲストでお邪魔して少しばかり新大久保の話をさせていただいたことがある。そのとき、いまの大学生たちにとってわかりやすい新大久保の「見える」側面といったら、前述のような華やかな観光地としての姿ではないかと考えながら授業内容を組み立てたものである。

しかし、このようなまちの風景の歴史は案外短い。現在「コリアンタウン」としてイメージされるような韓国系店舗の集積エリアの観光地化がはっきりと見られたのは、概ね二〇〇〇年代以降のことである。これらのお店を経営する「外国人」の存在に焦点を当ててみると、このまちの「外国人」としては、オールドカマーと呼ばれる人びと——戦前から日本に暮らしている、旧植民地出身者とその子孫——の存在も言及されるが、このまちが「エスニック・タウン」や「外国人集住地域」としてよく知られるようになったのは、一九八〇年代後半以降に来日したいわゆるニューカマー外国人の急増を受けてのことといえるだろう。

そこで思い出すのは、新大久保のまちを歩いたとき、賑わうお店のすぐそばに住宅街が続いているのを目にしたことである。この付近は観光地として消費されているだけではなく、日本を含め様々な国籍の住民がともに暮らしているまちでもある。二〇二四年一月現在も、新宿区では住民の約十人に一人、大久保地域では約四人に一人が外国籍となっている。

一九八〇年代後半以降に生じた外国人住民の急増は、このまちでも「住宅問題」と呼ばれる、（大きく分けると）日本人・外国人住民間の葛藤——ゴミの出し方や賃貸ルールなどをめぐるトラブルが代表的である——をもたらした。以上のような状況を背景に、外国人住民の生活支援や住民間の葛藤解消へ向けて自治体による「多文化共生」関連施策の整備も進められてきた。実は、急激な観光地化の前には、むしろこのような、地域で暮らす外国人の生活実態や日本人・外国人住民間に生じる関係といった「多文化共生」の状況が注目されたものである。しかし、昨今このまちに観光客として訪れる人びとにとって、これらのトピックが強く意識されることはあまりなく、その意味で「見えない」（見えづらい）ものになっているだろう。

また、観光地化前には、外国人が同胞向けに食材や料理を提供するお店などは、近隣の日本人からすればなんだかよく「見えない」「ディープな」世界に感じられていた。それがいまや全国的に人気となり、それを目当てに日本人観光客が押し寄せているというように、まちは大きく変化している（付け加えると、このまちは韓国に限らず非常に多国籍・多文化なことでも知られており、ネパールやベトナム、タイ、中国などのお店が立地していたり、韓国料理店でネパールやベトナム出身の人びとが働いていたりもする。本章では詳しく触れられなかったが、そちらがより「見えて」いる人もいるだろう）。

そう考えれば、どれが「見える」側面でどれが「見えない」側面かというのは、それを「見る」人がどの立場にいるのか、どの時代を生きているのかなどに依拠する、いわば「図と地」のような関係――浮き上がって見える部分と、背景として見える部分がしばしば反転する――にある。

「広がる」「重なる」まちとして見る

ここまで見てきた新大久保というまちを、もう一歩踏み込んで捉えてみよう。今度は、どこに立ってまちをまなざすかという話ではなく、まちを成り立たせる様々な要素がもつ広がりと、それらの重なりに目を向けてみたい。

観光地として、そして多文化共生の現場として新大久保というまちの現状を紐解いていくと、その背後に広がる多種多様な出来事や社会関係が浮かび上がってくる。たとえば、来日する国際移民の特徴と展開――新宿や歌舞伎町で働く「外国人労働者」や「留学生」の増加を促進・規制する日本の政策を含め、日本や新宿への移住を促すプッシュ・プル要因（出身国から離れる／受入国へ引き寄せる要因）等に思いをはせることができるだろう――、移民企業家によるトランスナショナルなビジネスの形成・発展・変容、韓流・K-POPブームのグローバル・ナショナル・ローカルな影響など、実に多様かつ広がりのある社会現象が、今日の新大久保というまちの形成にかかわっている。

さらに、これらの出来事は重なり合い、互いに連関している。たとえば、韓流・K-POPブームという出来事は一見、このまちに暮らす日本人・外国人間の関係とはかかわりがないように思えるかもしれない。しかし、ブームに伴う急激な観光地化は「住民」対「観光客」といえるような葛藤関係を生じさせた。このことはまた、日本人・外国人間の葛藤の深化にも結びつきかねない。それを目の当たりにした韓国系移民企業家らは、新大久保というまちが安定的に発展することを願い、住民へ賑わいを還元できるような観光地化を意識して積極的に地域活動に関与していった。それを可能にしたのもまた、ブームが追い風となった移民企業家らの成長である。

たしかに、どのまちにもただ歩いただけでは「見えない」部分がある。このとき、「見える／見えない」という構図を通すことで、ともすれば「見えない」側面のほうが「本物」であるように感じられはしないだろうか。これに対して新大久保の事例は、一見してよく「見える」観光地としての側面を含め、地域や国という境界を越えて広がる様々な出来事や人びとの活動が重ねられた結果として、いまの新大久保というまちが存在することを物語る。だとすれば、「見える／見えない」というフレームを取るよりも、「広がる」「重なる」まちとして捉えようとするほうが、より多くを掬《すく》い取れるのではないだろうか。

だからこそ、まちを歩きながら、あるいは、まちでなくても何か気になる出来事に出会ったら、それを可能にしている広がりと重なりに意識を向けてみてほしい。それは、私たちの日常生活とそれを取り巻く構造との連関に関心を寄せてきた社会学の醍醐味でもある。

付記：本稿の内容の多くは、申［二〇二四］に依拠する。

参考文献

●申惠媛（二〇二四）『エスニック空間の社会学――新大久保の成立・展開に見る地域社会の再編』新曜社。

アフリカから学ぶ
―在来知を活かした人新世時代の道筋

阪本　公美子

アフリカのイメージ

「アフリカ」と聞いて、何をイメージするだろうか。アフリカに関する授業で、授業の冒頭で「アフリカ」と聞いて連想する言葉を聞くと、最頻のキーワードは「貧困」である。そのほか「発展途上国」「発展」「南」「飢餓」などの関連する用語もでてくる。「自然」「サバンナ」「砂漠」「暑い」などのイメージも強い。このほか「多民族」「民族」「子ども」「助け合い」などを連想する場合もある。またそのキーワードのイメージが「良い」か「悪い」か、「どちらでもない」か問うと、比較的「悪い」イメージが多く、「良い」イメージが上回ることは稀である。

ではアフリカのことを知ってそのようなイメージを持っているだろうか。試しにアフリカ諸国の名前と位置をどの程度把握しているか確認すると、稀に五十カ国以上知っている学生が五年に一回ぐらいの頻度で際立つこともあるが、一〜三カ国しか知らない学生も少なくない。残念ながら高校までの教育や生活から得られる情報は限定的で、多くの学生にとっていまだアフリカは遠く未知の地域である。

アフリカの多様性

アフリカと一言でいうと一様なイメージを持ちがちであるが、アフリカは広範な領域をカバーするため、地域によって大差がある。まず中東と文化的に近い北アフリカは、熱帯地域特有の感染症が限られていることも加わり、サブサハラ以南アフリカと大きな違いがある。さらに東アフリカ、西アフリカ、南部アフリカ等の間でも、環境・生業・歴史・言語など多様である。これらの多様性は、国々の間にも、国内でもみられる。ただし、歴史の相互の連続性や関連、文化の共通性もあり、アフリカ出身ということで同胞意識もある。

アフリカにおける地球的課題

経済成長が取りざたされている国々は存在するものの、アフリカにおける貧困問題は根深い。所得貧困に焦点を当てると地方の問題が際立つが、国のデータでは食料自給生産は把握されていないため、食料生産力の過少評価は批判されている。自給的な食料が限られていることや、生活環境の悪化の観点からすると、都市民は異なる問題をかかえている。

世界的に大きな紛争が勃発するなか、日本のメディアではほぼ取り上げられないが、アフリカには紛争や治安の悪さに苦しむ地域も多い。このような貧困や紛争の背景には、歴史をさかのぼると植民地時代の歴史が影響していることが多い。

格差もさまざまなレベルで存在している。アフリカ大陸内でも、地域間・国家間・国内で経済格差が目立つ。原因としては、植民地政策による一部地域に偏重した投資が挙げられることもあるが、近年は外国資本投資によって富める国々・企業・人びとはますます富み、多くの民衆が取り残されている。

女性の政治代表性が日本よりも高い国もあり、一般論で集約すると文化的差異もあるために語弊もあるが、女性の地位が高くない国や社会も多い。加えて、多様なジェンダーのあり方に寛容でない国々も多い。

環境問題は、従来の生活習慣をみるとむしろ先進国が見習うべき点が多かったが、昨今の急激な経済成長や都市化の流れの中で、生活環境の悪化に対する対応は急務である。地球温暖化の影響を受け、従来の基盤的な生業であった農業や牧畜がさらに不安定となり、収穫が困難となっている地域も少なくない。

このように、構造的な背景もある世界的課題、貧困・紛争・ジェンダー・環境問題などについては、国際協力の役割にも期待が寄せられる。日本政府もこれまで対アフリカ援助に尽力してきたが、アフリカ各国におけるその成功例や失敗例については、阪本他［二〇二一a］を参照されたい。特に、先に経済成長し、近代化や都市化を経験してきた日本が、負の経験も含めてアフリカに伝授できることは多い。

国際協力を長期的にみる

学生とともにクラウドファンディングをして出版した絵本『ニョタのふしぎな音楽』［阪本他　二〇二一b］のエピソードを紹介したい。東アフリカに位置するタンザニアで国際協力にかかわってきた方が体験した実話をもとにしている。

半乾燥地では、雨不足のため食料が充分に収穫できないことがしばしば起こる。彼女は農業と牧畜を営むその村に、応援する意味で在来の雑穀を持参するが、当然、食料は食べるとなくなって終わる。農業にウシを活用して効率的にできるようにとスキも持参するが、ウシを大切に思う農牧民として、「ウシがかわいそう」と使わなかったという。現在はスキを使った農業も普及しつつあるが、許容するようになるまでにかなりの時間がかかった。

ある日、彼女が研究者の仲間と村を訪ねた際、とある果物の実が多く生っているのをみて、苗はどこから入手したのか聞いた。村人はその質問を聞いて驚いていたが、なんとそれは彼女自身が三十年以上前に持ってきた苗であった。当時、植林事業が大々的に行われていたが、一般的に失敗と称されていた。彼女自身も持参した苗が活用されていることも知らなかったので、持ってきた苗が木に育ち、果実を村人たちが食べ、その種からさらに木が増えていたことを何十年も後に知った。他地域でも植林事業は、村人が積極的にかかわった地域では、長期的にみると森林が形成されていた［杉山・阪本 二〇一一：二二七―二二八］。国際協力も短期的な効果や成果を求めがちだが、植林など時間がかかる協力は、長期的な視野でみる必要がある。

「ないもの探し」から「あるもの探し」へ

貧困などの課題に焦点を当てるアプローチは「ないもの探し」であり、ないものを補充することが不可欠な場合もあるが、必ずしもそれが実現できるとは限らない。国際協力も有限であり、すべての国や地域に行き渡るわけでもない。では、すでにそれらの地域に「あるもの」を探してはどうだろうか。最近私が力を入れているのが、この「あるもの探し」である。

コミュニティにおける相互扶助

サブサハラ以南アフリカの伝統的社会に顕著なのが、相互扶助関係である。とくに食料不足の際、近隣住民や親戚が食べ物を分けることは、倫理的に当然とみなされる。村においては、個人や世帯の食料の生産量が低くても、隣人や親戚の助けにより食料を得て、生活を続けることが可能であることも、サブサハラ以南アフリカにおける多くの研究で明らかにされてきた。またそもそも共食といって、家族を超えた集団で日常的に食事をする社会も少なくない。成人儀礼や葬式などの冠婚葬祭などで協力しあうことも多い。食事や祭りを協動することによって、仲間意識を醸成し、食料不足などの生命の危機の際、助けあうのである。

食料と異なり、現金の助け合いについては少し様相が異なる。貨幣経済の浸透、近代化や都市化を経てもなお、相互に助け合う精神がどの程度残るか、気になるところである。

在来知を生かした内発的発展の可能性

最近注目しているのが、野生食物による栄養改善である。地球温暖化の影響もあり、多くのアフリカの諸国では栽培種の食料生産の危機に陥ることが多い。そういった場面にて野生食物はバッファーとなり、食事や栄養を支えることができる可能性がある。たとえば食料不足の際、森林にて野生イモを掘り、食の糧とする。ただし野生イモには毒を含むものもあり、毒抜きなどの処理に関する知識が必要である。その土地で従来から継承されてきた在来知を活用することによって、食料不足の際、安全に毒イモを処理し、食することができる。

半乾燥地では、畑に生える食用雑草をオカズにする。生を調理することもあるが、雨季に採集し乾燥させて、乾季に調理しオカズにするなど、その土地ならではの保存や調理の知恵がある。実際、半乾燥地の食用雑草は、鉄分やカルシウムなどのミネラルが豊富である［Sakamoto et al. 2022］。また、質素ながらも食用雑草などの葉物野菜を欠かさずオカズにする半乾燥地の食事を食べる人びとは、肥満が少ないだけでなく、貧血も少ない［Keding et al. 2011］。

子どもたちは学校の行き帰りなどを利用し、野生の果実など、季節ごとに採取し食べている。野生食物に恵まれた地域に住む子どもたちは、大人と異なった形で野生食物を活用している。

野生食物は、栽培種と異なり貧富にかかわらずだれでもアクセスできるコモンズである。前述の相互扶助関係とともに、従来のアフリカの地方の人びとの生活や生存を支えてきた。このような在来資源や在来知の再評価や継承が重要である。

アフリカ各地における経済成長とともに、近代化や都市化が現在進行形で進んでいる。実際、多くのアフリカの人びとが新たな近代的・物質的に豊かな生活を切望していることも事実である。それでもそれぞれの地域の環境や相互扶助などの特性を理解し、各地の「あるもの探し」を改めて地元の人びととともに実践することは、アフリカのみならず、人新世時代に、人類の歩むべき新たな道筋を探し当てる一歩になるのではないだろうか。

参考文献

- 阪本公美子・岡野内正・山中達也編著（二〇二一 a）『日本の国際協力 中東・アフリカ編』ミネルヴァ書房。
- 阪本公美子・杉山祐子・坂井真紀子，竹村景子スワヒリ語訳、フランシス・パトリック・イマンジャマ（ルーバス）（二〇二一 b）『ニョタのふしぎな音楽〜タンザニアの星空のもとで〜』三恵社。
- 杉山祐子・阪本公美子（二〇二一）「対タンザニア援助」阪本公美子・岡野内正・山中達也編著『日本の国際協力 中東・アフリカ編』ミネルヴァ書房，二二〇―二八一頁。
- Keding, G.B., J.M. Msuya, B.L. Maass, M.B. Krawinkel (2011) "Dietary Patterns and Nutritional Health of Women: The Nutrition Transition in Rural Tanzania," *Food and Nutrition Bulletin*, Vol.32, No.3, pp.218-226.
- Sakamoto, K., L. Kaale, R. Ohmori (2022) "Nutrient Content of Seven African Wild Leafy Vegetables in Semi-arid Tanzania," *Journal of School of International Studies, Utsunomiya University*, No.54, pp.17-28.

日系ペルー人の食事
―文化的アイデンティティと統合

スエヨシ　アナ

最近のペルー料理ブーム

過去十年間で、ペルー料理は世界的な注目を集めている。ペルーのシェフやレストランが地域や世界での賞を受賞し、世界中のほぼすべての主要都市にペルー料理のレストランが次々とオープンしているのだ。二〇二三年半ばには、ペルーのレストランが「世界のベストレストラン五十」のリストで第一位に躍り出て、ラテンアメリカのレストランとして初めてトップ賞を獲得した。同じリストで、二〇二三年のラテンアメリカ最優秀レストランに名を連ねた日系ペルー料理のレストランが第六位に入り、目を引いている。このレストランは、二〇一七年から二〇一九年にかけて、第一位の座を継続的に受賞している。さらに二〇二三年十二月には、「ペルーの伝統料理の表現であるセビチェの調理と消費に関連する慣行と意味」［UNESCO 2023］が、人類の無形文化遺産の代表的なリストに記載され、見事な締めくくりとなった。

多様性と日系料理

多様性という、ペルー料理の主要な特徴が、その人気の高まりの主な要因である。アンデス山脈の様々な高度勾配、豊かなアマゾンの熱帯動植物、太平洋によって潤された砂漠、また豊かな沿岸の谷など、豊穣な自然条件に恵まれたペルーは、十六世紀にスペインの征服者や植民者を魅了した。征服者たちは、アフリカ大陸から人々を連れてきたことで知られている。独立後、ペルーは自然資源の輸出国として世界経済に参加するための労働力として、ヨーロッパやアジアの移民を惹きつけ、急速な近代化の時期を経験した。ペルーに定住した移民たちは、それぞれの独自の国家的および地域的文化を持ち込み、移民先の地理的な地域やその他の条件に応じて、すでに多様であった先住民の文化と融合していった。

ペルーの公式観光局 PROMPERU の外国人訪問者向けホームページによると、以下のように説明されている。「最近ペルーに到着した移民コロニーの中で、インカの地で最も影響力があったのは日本人でした。日系人の習慣と伝統は……すぐに地元の特性を補完し、文化的および経済的なブームを引き起こし、歴史を通じて広がりました。何よりも、影響は料理に感じられました。東洋の食材と新しい技術の到来は、地元のレシピとの融合により、ペルー料理を別次元へと押し上げる、絶妙で独創的な料理を次々と誕生させました」［PROMPERU 2023］。

反日感情

しかし、ペルーにおける日本人とその子孫である日系人が、こうした認識を達成するまでの道のりは長く困難で、世代ごとに異なって経験されるものの、様々な逆境や複雑な感情に満ちていた。少なくとも言えることは、ペルーにおける日本人の歴史は、一世紀以上にわたり波乱に富んでいたということである。戦前の反日デモ、日系コミュニティにおける財産の没収、第二次世界大戦中にラテンアメリカの国から最大の日本人集団が拘束され、米国の収容所へ強制送還されたこと、そして一九九〇年に日本出身の大統領が立候補し、後に当選したことに対する、保守的な政治家や知識人の差別的な反応や人種差別的な態度は、ペルーにおける日本人移民の歴史の中で最も悲惨なエピソードとして挙げられるだろう。

戦前期には、独自の文化協会、労働組合、そしてペルー社会の主流から切り離され、並行して運営される日本人学校の設立、低いインターマリッジ率は、統合と同化の欠如を示しており、それが労働者階級、中間階級、政治的および知識的エリートの間で反日感情が高まったことを正当化する理由とされた。日本人とその子孫は、小中規模のビジネスオーナーの競争相手となり、新しい国民国家の形成に対する深刻な脅威と見なされたのである。

日本人とその子孫、そして食文化

中国系移民がペルーの味に適応した地域料理を「チーファ」と呼ばれるレストランで広く提供してきたのとは異なり、レストランを経営していた日本人移民は日本食を提供せず、また特定の出身地域の典型的な郷土料理を出すこともなかった。しかし、多くの日本人移民は砂糖畑や綿畑から都市へと移行するなかで、ペルーの裕福な家庭で家事労働に従事し、その後、多くがプルペリア（二十世紀前半の小さな食料品店、雑貨店）やレストランなどのフードビジネスへ移行した。最初は、出身国から持ち込んだ料理方法や調理技術は商業目的には使用されなかったが、食に焦点を当てたビジネスに従事していたため、いつしか日本人移民やその子孫の食卓にのぼる料理が、新しい味や食感を試したがる客に求められるようになったと考えるのも不思議なことではない。また、日本人移民は、移民先の国では手に入れられない食材の代わりになる要素を見つけ、新しい味を楽しみながら味覚を調整していく必要があった。こうした異なる料理の伝統の融合が、今日私たちが知る日系料理の基礎を築いた。

Takenaka［2017:123］が定義するように、「日系料理は、日本とペルーの食材を組み合わせたフュージョンフードとして広く定義されている。しかし、それは単なる任意の混合を指すわけではない。日系料理の創造は、他の料理と同様、特定の食材の選択と正当化のプロセスを伴う」。Takenaka は、日本の香辛料を使用することに加え、ペルーにおける日本料理は魚介類との結びつきが強く、それとペルーのアヒ（ペルーの唐辛子）を組み合わせたものが日系料理に欠かせない食材であると付け加えている。たとえば、ペルーのガストロノミーの代表的な料理であるセビチェは、日系料理のティラディートとよく似たレシピで、どちらも生魚をレモン汁でマリネし、ティラディートは日本の刺身風に切り、アヒクリームにつけて食べる。

ペルーにおける日系料理の最近の人気の高まりは、ペルーと日本の食事の両方における二つの主要な要素の消費量の多さによって説明できるだろう。ペルーはラテンアメリカで最も多い米と魚介類の消費量を誇っており、二〇一七年から二〇一九年にかけての一人当たりの米の年間消費量が六五・六キログラム、魚介類が同期間に年間二五・六キログラムと、それぞれラテンアメリカ平均の二八・二キログラムと十・六キログラムの二倍以上となっている［OECD/FAO 2020］。Takenaka によると、ペルー社会における日本人の子孫の経済的成功、日本からのペルー人帰国者によってもたらされた食文化、非日本人であるペルー人の間での日本文化の人気の高まり、ペルー政府が自国のガストロノミーを国家遺産として認識し、その中心に日系料理があることも、この料理のトレンドを説明する要因となっているのである。

日系料理とグローバル・ブランディング

日系料理は、ペルーのエリートが効果的なペルー料理のマーケティング戦略を開発するためのプラットフォームとして機能し、日本食、特に国際市場で洗練されたスタイルの食品や健康的な食のトレンドに位置づけられている寿司と関連づけられることで、ペルー料理の国際化を達成した最も成功したカテゴリーであると論じられている［Takenaka 2019, Irons 2022］。日系料理の人気の背景には、ペルーの日本人コミュニティとその子孫の存在だけでなく、国際的なブランディング戦術を挙げることができる。それは、関連する他のアイデンティティを「多様性」の中でペルー料理が持つと言われているものから排除する。

ペルー料理固有の多様性は、単一の国際的なブランディング戦略にすべての料理アイデンティティを含めるという、ほぼ不可能な目標に挑戦しているといえるだろう。今回は日系料理の番だったが、明日はペルーのガストロノミーが誇る多くのアイデンティティのうちのひとつを代表する、それ以上でも以下でもない別のカテゴリーの番になるだろう。この日系料理を中心するグローバル・ブランディング戦略の最も重要性の高い側面は、日系料理を初めて国家プロジェクトに組み込み、日系ペルー人が代表されるようなグローバルな規模でのイメージを提供することを目的としていることである。つまり、ペルーを構成する多くのアイデンティティのひとつであり、過去に拒絶や屈辱の対象となっていた象徴的なコミュニティの参加の場を開き、現在ではその文化遺産を他のペルー人とともに公共かつ国際的な場で共有できると感じている。

参考文献

- Irons, Rebecca. (2022) “Ceviche Revolution: Co astal Cholera, Marine Microplastics, and (Re)Fashioning Identities in Postcolonial Peruvian Gastropolitics,” *Gastronomica: the Journal for Food Studies* University of California Press, Vol.22, No.4, pp.10-19, https://online.ucpress.edu/gastronomica/article/22/4/10/194501/Ceviche-RevolutionCoastal-Cholera-Marine, accessed 19 November 2023.
- OECD/FAO. (2020) *OCDE-FAO Perspectivas Agrícolas 2020-2029*, OECD Publishing, Paris https://doi.org/10.1787/a0848ac0-es, accessed 21 November 21 2023.
- Takenaka, Ayumi. (2017) “Immigrant integration through food: Nikkei cuisine in Peru,” *Contemporary Japan* Vol.29, No.2, pp.117-131.
- Takenaka, Ayumi. (2019) ““Nikkei Food” for Whom? Gastro-Politics and Culinary Representation in Peru” *Anthropology of Food* (online) 14, https://journals.openedition.org/aof/10065, accessed 21 November 2023.
- The Peruvian Commission for the Promotion of Export and Tourism-PROMPERU, Ministry of Foreign Trade and Tourism of Peru. (2023) https://www.peru.travel/es/masperu/cocina-nikkei-la-fusion-de-la-gastronomia-peruana-y-japonesa, accessed 21 November 2023.
- The World’ s 50 Best Restaurants. (2023) https://www.theworlds50best.com/list/1-50, accessed 21 November 2023.
- United Nations Educational, Scientific and Cultural Organization-UNESCO Intangible Cultural Heritage. https://ich.unesco.org/en/RL/practices-and-meanings-associated-with-the-preparation-and-consumption-of-ceviche-an-expression-of-peruvian-traditional-cuisine-01952, accessed 7 December 2023.

第Ⅳ部

社会の課題に向き合う視点

嗜好品世界の旅
―紅茶、カカオをつくっている人たちに会いに行く

栗原　俊輔

嗜好品をつくる人たち

紅茶、コーヒー、チョコレート、お酒など、日々の暮らしを豊かにするものや栄養摂取を目的としないものを嗜好品と呼ぶが、誰が、どこで、どのように生産しているのか、どんな暮らしをしているのか、ご存じだろうか。日本で古くから親しまれている嗜好品は、緑茶や和菓子である。そこに、明治になりヨーロッパなどから紅茶やチョコレートが入り、戦後広く大衆にも普及した。しかし、その生産者のことを、私たちは意外に知らない。紅茶とカカオを例に、そんな現地の生産者について、私たちは何を知るべきなのか、現地を訪ねた。

スリランカ―紅茶はエレガントなのか

二〇二三年一月、標高一二〇〇メートルから二〇〇〇メートルに位置する、スリランカ最高所の紅茶産業の中心地、ヌワラエリヤ県を訪れた。見渡す限りのお茶畑の山々。日本の茶畑と違い、斜面が急な茶畑が多いスリランカは世界第二位の紅茶輸出国である。ひとつの紅茶プランテーション農園には一五〇〇人から大きい農園で七〇〇〇人の労働者とその家族が住んでいる。

日本で飲まれている紅茶は、現在ではほぼ一〇〇パーセントが輸入であり、その過半数がスリランカのセイロンティーである。スリランカ民主社会主義共和国は、インド亜大陸の南にある、赤道も近い、九州より少し大きい島国だ。スリランカの旧名であるセイロンと名付けられた紅茶は、山岳地帯を中心に栽培され、その多くは高級茶葉として世界中に流通している。しかし、一九世紀にイギリスがスリランカを植民地化するまで、スリランカに紅茶は存在しなかった。紅茶を飲む習慣もなかった。

一八一五年、イギリスは現スリランカに存在したシンハラ王朝（キャンディ王国）を滅ぼし、直轄植民地英領セイロンとした。そしてプランテーション産業を導入した。プランテーション農園では労働者が南インドより移入され、彼らはプランテーションの中に住み、代々労働者として働いてきた。いまも農園に住むタミル人は彼らの子孫である。

紅茶プランテーションは山岳地帯の、地理的にもスリランカのほかの地域とは隔絶された場所に広がり、インフラ整備も遅れている。教育環境も劣り、高等教育を受けるには都市部まで出なければならない。電気の普及率も低い。水道やガスは無く、薪で炊事をする。女性は子育て、家事に加えて茶摘み労働に従事するため、負担が大きい。子どものころは将来の夢があっても、大きくなるにつれ、その現実に直面する。大きくなったらどんな職業に就きたいか、夢はあっても、かなえるのは難しい。このような、低賃金労働者を農園に住まわせて成立していたプランテーション制度が、いまだに残っているのである。彼らが作って

摘んだ茶葉の計量を待つ女性労働者たち。
彼女達の1日は長い。（筆者撮影）

いる紅茶がどこに輸出されているのか茶摘みをしている女性に聞いてみると、知らないという回答が多かった。

紅茶農園では、女性たちの朝は早い。毎朝五時過ぎには、朝ごはんの準備に取りかかる。冷蔵庫がないため、毎回つくる。ガスが無いため薪を焚き、かまどの準備をする。家族が出かけたら、女性たちは茶摘みへ向かう。午前だけで五〜七キロの茶葉を摘む。茶畑の中に集荷場があり、午前と午後で摘んだ茶葉を計量する。ノルマがそれぞれの茶園で決まっており、それを超えれば、手当がもらえる。計量待ちの女性たちの列に遭遇した。彼女たちは明るい。タミル語で挨拶をすると、会話も弾む。しかし、まだ半日。一日は長い。帰宅したら、ふたたび薪を焚き、夕食の準備と家事が待っている。これが私たちの日々を癒してくれる紅茶がつくられている現場だ。エレガントとは程遠い暮らしである。

ガーナ―カカオは癒しなのか

二〇二三年九月、ガーナ共和国の首都アクラ。日本から飛行機を乗り継いで二〇時間かかる。ガーナは赤道に近く高温多湿の気候がカカオの生育と相性がよく、世界有数のカカオの産地だ。日本に輸入されるカカオの約七割がガーナ産である。西アフリカ随一の大都市アクラはそのカカオ産業の中心地でもあり、日本の企業も多く進出している。

　チョコレートの原料であるカカオは、日本では一〇〇パーセント海外産である。カカオは赤道を挟んで南北の緯度二〇度の間の、年間平均気温が二一～三〇度の、カカオベルトと呼ばれる地域でしか育たない。原産地は中米といわれ、これが、ヨーロッパへと渡り、薬や飲み物だったものが次第に菓子へと変化した。ガーナのカカオも、スリランカの紅茶同様にヨーロッパから持ち込まれたのである。それまでガーナの人びとはチョコレートを食べていなかった。

　ガーナではプランテーションではなく、農家がカカオ畑を保有していることが多い。カカオの木から実を収穫し、身からカカオ豆を取り出し、乾かす。

カカオの村で住民と話す筆者。（筆者撮影）

それが輸出されるのだ。ガーナ政府にとっても重要な外貨獲得のための商品作物である。首都アクラから車で三時間ほどのカカオの村を訪れ、話を聞いた。日々の暮らしで何が足りないのか、人びとは饒舌に語る。その表情は、しかし明るい。

カカオ農家の暮らしも厳しい。カカオの村では水道が無く井戸を使う村が多い。よく停電するとはいえ、電気はある。しかし、ガスはない。薪で炊事をする。学校は中学までは近隣にあるが、それ以上は町まで出なければならないことが多い。高等教育を受けるのも経済的に厳しい。子どもにはお金はいくらあっても足りない。現金収入がないと選択肢が限られる。だからカカオは貴重な収入源であり、つくり続ける。チョコレートの優雅なイメージとは程遠い。

嗜好品と消費者

紅茶とチョコレートは、私たちの暮らしを豊かにしてくれるものである。これらの作物の産地の多くは発展途上国である。日本で消費される紅茶のおもな産地はインドやケニア、スリランカ。カカオは、アフリカではガーナのほかにもコートジボワールなどがカカオ生産の中心となっている。人びとの気持ちをやわらげる嗜好品は、発展途上国でその多くが生産され、私たちに届いている。そして、生産者の暮らしは厳しい。

嗜好品のイメージは優雅でリラックスできるものであることが必要だ。日本国内では、野菜や果物の生産者の顔が見えることが安心感につながり、歓迎される。しかし、嗜好品の生産現場の人びとの暮らしは、安心感にはつながらない。発展途上国で栽培されるようになった歴史的経緯も、嗜好品のイメージにはマイナスである。

先進国主導で価格が決められていた植民地時代から、現地の生活環境はさほど大きくは変わっていない。そこから抜け出すには、紅茶やカカオの生産制度や流通システムを変える必要もあるだろう。

収穫したカカオの実から取り出した豆を乾燥させる作業場。（筆者撮影）

戦後、植民地であったアジアやアフリカの国々は独立を果たした。皮肉なことに、独立国となったために、嗜好品をめぐる問題は国内問題とされることが多くなり、また生産国政府も貴重な外貨獲得源である作物を維持すべく大きな変化は求めず、その結果、先進諸国もあまり介入してこなかった。消費者が悪いイメージを持たぬよう、生産現場を見せないようにするには好都合でもあった。

紅茶やチョコレートは、スリランカやガーナから日本に入ってきたのではなく、紅茶はイギリス、チョコレートはおもにスイスやベルギーから入ってきたのである。そのため日本では一般的に紅茶はイギリスの文化、チョコレートはスイスやベルギーをはじめとするヨーロッパの文化として受け入れられている。日本から見て、遠くヨーロッパの優雅なイメージが伴って、紅茶やチョコレートという嗜好品のイメージが成立し、それがいまでも続いているのである。

その先を知るということ

スリランカの紅茶農園やガーナのカカオ畑を訪れると、彼らの笑顔から、日々の暮らしへの前向きな姿勢が伝わってくる。ただ、それは嗜好品が幸せにしているわけではなく、彼らの暮らしは私たちより厳しいのも明らかである。貧困や教育、劣悪なインフラなど、暮らしの根幹にかかわる問題をいまだに抱えている。そのような現地の状況を知るということは、私たちにはどんな意味があるのか。

実際に現地を訪ねると、いままで以上に紅茶やチョコレートが近くなった。現地の状況を見なかった振りをするのではなく、前向きに受け入れ、現地の人びとのことを考えながら紅茶やチョコレートで極上の時間を楽しむ。そんな豊かな時間を提供してくれる嗜好品をつくっている人びとへ、感謝の気持ちをどう伝えるのか考えをめぐらす。

二一世紀になり、グローバル化とIT技術の発展により、日本にいながらにして、私たちは世界のことを簡単に知ることができるようになった。スリランカの紅茶農園や、ガーナのカカオ畑はもちろん、エチオピアのコーヒーやフィリピンのバナナをつくっている人たちのこともスマートフォンで知ることができる。スーパーのさまざまな商品を眺め、世界でどんなひとがどのようにつくっているのか、その想像は際限なく広がる。

現地の人びとの暮らしをよくするために何ができるのかを考えること、知ろうとすることは、世界をより良い方向へと変える一歩であり、そんな紅茶やチョコレートの味は苦くない。そのためには、何を学び、何を明らかにすればよいのだろうか。

国際人道法・国際人権法の理論と実践から考えるキャリア形成

藤井　広重

武力紛争に向き合う

二匹の若い魚が泳いでいて、たまたま反対側を泳いでいる年配の魚に出会い「水はどうだい?」と声をかけられた。そして二匹の若い魚は少し泳ぎ続け、やがて一匹がもう一匹を見て、「水って一体なんだろう?」と言った。

この一節は、米国人作家デヴィット・ウォレスが二〇〇五年に招待された大学の卒業式で行ったスピーチの導入部分である。同氏は、「このおサカナの小ばなしの肝心かなめのポイントは、あまりにもわかりきっていてごくありきたりの一番大切な現実というものは、得てして目で見ることも、口で語ることも、至難の業であるということ」だと述べる。このスピーチは日本語でも出版されているので、興味を持たれた方はぜひ手にとっていただきたいが、私が専門としている平和や正義も得てしてもっとも見えづらく、口で語ることも、至難の業である。なぜなら、一般的な教育を受けてきた人々にとって、平和や正義は、既にそこにあるものだと考えられているからだ。

私は、武力紛争を研究テーマとしている。国際法や政治学に依拠し、多角的な視座から特にアフリカの武力紛争や人権侵害の事例を考察し、平和な社会を築くための知を探究している。学際的な試みを続けてきたのは、現実の武力紛争は極めて複雑な状況下に生起し、多様なアクターが関わるからで、単一の学術領域からアプローチしてその全容を捉えることはできないからである。たとえば、武力紛争は国連憲章第二条四項にて禁止されている、といえば明快であるが、現実には世界を揺るがす大きな武力紛争が発生している。スウェーデンにある紛争研究で著名なウプサラ大学の紛争データプログラムによると、二〇二一年は世界で約一七〇の武力紛争が発生し、約十二万人が犠牲となっている。中央政府が存在しないアナーキカルな国際社会において、国際法が強制力を発揮できる場面は限られており、現実は法が規定しているように展開するとは限らない。

とはいえ、学際性を重んじているのは、私が国際法を専門としながら、国際機関、NGO、政府機関等で実務経験を積んできたことも背景にある。実定法の解釈を中心とする国際法学を修めるのなら実務経験は重要ではない。優秀な法学者は、一見すれば当たり前とされる事柄であろうと、時に何かしらの違和感を覚え、課題を明らかにし、法の再解釈を試みたり、新たな立法を提言したりすることができる。しかし、特に院生の頃の私は武力紛争と向き合うにあたって、実務の現場で人々の声に接したり、声なき声を拾ったりすることでしか、この世界の当たり前とされていることに違和感を覚え、疑い、そして考えることができなかった。これは研究者としては格好悪い告白ではあるが、私達の当たり前は、時に冒頭の若い魚にとっての「水」である。

「人を殺めてはいけない」が、紛争下では人（兵士）を殺害しても罪に問われない。「悪いことをしたら、裁きを受けるべき」であるが、戦争を引き起こした国家元首は、敗戦しない限り自ら裁判所に出頭することはない。また、反乱軍は武装解除に応じても警察や軍に捕まり裁かれるのであれば、最後まで武器を手放すことなく戦うだろう。後者の例は平和と正義のジレンマと呼ばれ、裁きによる正義の追求は、敵対行為の延長を伴うが、平和の追求は恩赦など多少の不正義に身を任せる必要があるため、武力紛争後の平和構築において避けては通れない課題となっている。

このように武力紛争を前にすれば、自らの当たり前は揺らぐ。そのため、私はできる限り、研究対象地にてフィールドワークを行い、紛争を経験した現地の人々や専門家の声に接しながら、明らかにしたい現象や解決すべき課題を考えるようにしてきた。法や制度も大事であるが、このような「人」を中心に据えたアプローチが私の研究の素志といえよう。

国際人道法の模擬裁判とロールプレイ

平和は卓越した指導者が一人いれば達成されるわけではない。それは、国レベルでもコミュニティレベルでも変わらない。武力紛争後の社会は、多様な平和の担い手達によって支えられている。そこで、大学教育の現場では、人材育成にも力を入れてきた。

これまで私の研究室からは、国連、JICA、NGOでインターンを経験したり、大使館で勤務したりする学生がいたが、どの学生も国際人道法の模擬裁判とロールプレイに取り組んできた。国際人道法、すなわち武力紛争法は、その大部分が慣習的であり、人道主義の国際化が進んだことで、実定法として確立してきた。その背景には、一八六三年に設立された赤十字国際委員会が多大な貢献を果たしたことがあげられる。国際人道法は、戦時中の文民の保護、戦闘員への不必要な苦痛の禁止、戦争捕虜や降伏した戦闘員への虐待防止を明確にした。現代では、国際的な裁判所で武力紛争の解決が試みられることもある。たとえば、ジェノサイド条約に基づき、ミャンマー、ロシア、イスラエル等が国際司法裁判所に訴えられ、ロシアやスーダンの国家元首には、国際刑事裁判所から逮捕状が発布された。今日、国際法はたとえ強制力が限定的であったとしても、武力紛争を平和的に解決するために欠かせない知識である。

模擬裁判では言葉を大切に扱う。たとえば、ジェノサイド罪を立証しようとしたら、「特定の集団を破壊する意図」を立証しなければならない。この短い文だけでも、「集団」、「破壊」、「意図」など、当たり前のように普段使用していても、定義が不明瞭で議論が必要な言葉がある。検察側と弁護側に分かれ、それぞれの立場から最も適切な言葉の定義と事実の当てはめを行い、立証と反証に挑む。

ロールプレイでは人道支援要員の役割を演じる。難民キャンプや戦争捕虜施設へ訪問し、聞き取り調査を行うこともある。訪問先がどんな環境だと良くて、どんな環境だと悪いのかは、国際人道法に照らして判断する。また、人道支援と聞くと、「歓迎される」と思いがちだが、人道支援をしてほしくない人々もいる。政府側からしたら、反政府を支持している市民への支援は望まず、その逆も然りである。政府から支援を拒否されたとしても、本当に支援が必要な人々がいるなら諦めるわけにはいかない。説得するには、相手の立場に立った交渉も大事となる。

子どもの国際人権ワークショップ

国際人権法の知識を実践する機会として、二〇一八年より国際人権ワークショップを開催してきた。この背景には、二〇〇五年第五九回国連人権委員会にて「人権教育のための世界計画」が策定され、第四期となる二〇二〇年から二〇二四年は、「青少年のための人権教育」がテーマとなっていることがあげられる。人権教育は、すべての人が人権にアクセスできるようにすることで社会に変化をもたらすことを目指し、草の根の活動を伴う重要な社会運動である。そして、今日では、紛争後の社会における人権教育の重要性も認識され、平和構築活動の一環としても導入されている。

高校生を対象にした子どもの国際人権ワークショップは、三部から構成され、第一部は講義形式で、参加者は子どもの権利条約や人権について理解を深める。第二・三部は、ロールプレイ「子どもの人権 町づくりプロジェクト」に取り組む。参加者は人権保護団体の職員として、武力紛争後の町で子どもたちを保護するための計画を考える。具体的に、第二部では、町づくりのための資金調達を行う。このとき大学生は、ドナー役を務め、参加者からの資金提供の訴えに対し、「なぜ資金が必要なのか」、「どんな子どもの権利が侵害されていて、なぜ改善が必要なのか」等の質疑が行われる。これに対し、説得力をもって解答できれば、多額の資金が提供される。第三部では、獲得した資金を元に子どもの権利に関連する施設の建設や子どもの保護のための専門家（カウンセラー等）の雇用計画を作成し、報告する。大学生は、高校生のプロジェクトを評価し、改善点を伝えられるように事前準備に取り組む。

理論と実践の先に

ここで紹介した教育活動の狙いは、具体的状況に基づくことで、人権や人道問題に関連する理論的・枠組み的なものを実践的なスキルとして身に着けることで、卒業後のキャリア形成に資することにある。座学での徹底した理論への理解が大前提ではあるが、対話型の実践を続けてきたことで、学生は多様な知識や意見にも触れ、自身の当たり前を疑う機会もあったと思う。

予防外交や国連平和維持活動を生み出したダグ・ハマーショルド元国連事務総長は一九

六一年七月六日の日記に次のように記した。

疲れた　そして、ひとりきりだ。疲れ果てて、気が滅入るほどだ。
岩間には雪解け水がたばしる。指はしびれ、膝がふるえる。
いまこそ、いまこそ、手を緩めてはならぬ。
ほかの人たちの行く途には陽の当たる休み場所があって、
そこで仲間どうし出会う。

だが、ここが、お前の道なのだ。そして、いまこそ、いまこそ、裏切ってはならぬ。
すすり泣け。できるものならすすり泣け。
だが、苦情は洩らすな。

道がおまえを選んでくれたのだ　ありがたく思うがよい。

この二ヶ月後、ハマーショルドはコンゴでの和平ミッション遂行中の飛行機事故で帰らぬ人となる。残念ながら彼の死から約六〇年後の今も、悲惨な武力紛争は止むことがないが、それでも武力紛争を平和的に解決しようとした彼の意志は受け継がれている。幸いにも藤井研究室からも国際平和の新たな担い手として卒業していく学生を何人も見送ることができた。だが、武力紛争と向き合う者たちは常に順風満帆にキャリアを構築できるわけではなく、悩み立ち止まるときもあろう。そんなとき、たとえ自らの意志が、目で見ることも、口で語ることも、至難の業であったとしても、なぜこの道を志したのか、大学での学びを思い返してほしい。そして、これからも声なき声に耳を傾け、「人」を中心に据えた学びの場を大学で提供できればと考えている。

参考文献

- ウォレス、デヴィット・フォスター（二〇一八）『これは水です』阿部重夫訳、田畑書店。
- ハマーショルド、ダグ（一九九九）『道しるべ』鵜飼信成訳、みすず書房。
- 藤井広重、横山友輝、福原玲於茄（二〇二二）「国際人権教育における子ども・若者参加の実践と課題――「人権」と「参加」をめぐる課題解決型学習の試み」『宇都宮大学国際学部附属多文化公共圏センター年報』一四号、八九―一〇一頁。

学問は戦争を防ぐことができるのか

清水　奈名子

世界大戦がもたらした教訓

学問という人々による営みは、戦争を防ぐことができるだろうか。この問いについて、二度の世界大戦を経験した人々が一九四五年に作成した「国際連合教育科学文化機関（ユネスコ）憲章」の次の文章を手掛かりにして、考えてみたい（訳文は文部科学省による）。

戦争は人の心の中で生れるものであるから、人の心の中に平和のとりでを築かなければならない。

相互の風習と生活を知らないことは、人類の歴史を通じて世界の諸人民の間に疑惑と不信をおこした共通の原因であり、この疑惑と不信のために、諸人民の不一致があまりにもしばしば戦争となった。

ここに終りを告げた恐るべき大戦争は、人間の尊厳・平等・相互の尊重という民主主義の原理を否認し、これらの原理の代りに、無知と偏見を通じて人間と人種の不平等という教義をひろめることによって可能にされた戦争であった。

ユネスコ憲章の文章を考案したのは、二十世紀前半の二度の世界大戦の時代を生きた人々であった。「ここに終りを告げた恐るべき大戦争」とは、一九三九年から一九四五年まで続いた第二次世界大戦を指している。ユネスコが設立されたのは一九四五年の一一月であったが、このときまでに六千万人ともいわれる人々の命が戦闘や空爆によって失われただけでなく、ナチス・ドイツ統治下の欧州で人種差別的な政治が行われた結果、多数のユダヤ人が虐殺されたことが明らかになっていた。ユネスコ憲章は先の文章に続けて、このような戦争や集団殺害を防ぐために、次のように提案している。

文化の広い普及と正義・自由・平和のための人類の教育とは、人間の尊厳に欠くことのできないものであり、且つすべての国民が相互の援助及び相互の関心の精神をもって果さなければならない神聖な義務である。

政府の政治的及び経済的取極のみに基く平和は、世界の諸人民の、一致した、しかも永続する誠実な支持を確保できる平和ではない。よって平和は、失われないためには、人類の知的及び精神的連帯の上に築かなければならない。

平和のための学問的営み

戦争や平和について議論してきた主な学問分野は、国際関係論、国際政治学、国際法学など、国際社会の政治や法について研究する分野である。これらの学問では、戦争を防ぐ方法として、国際法や国際機構を整備して、国家間の紛争を暴力を使わずに解決する仕組みを研究したり、国家間の軍事同盟を築いて戦争に備えたり、経済関係の強化によって戦争を起こしにくい関係づくりを検証してきた。筆者も、国際連合という国際機構の安全保障体制が、一般市民を武力紛争からどのように守ることができるのかについて研究している。

ところが、悲惨な戦争の時代を実際に体験した人々が書き著したユネスコ憲章によれば、「政府の政治的及び経済的取極のみに基く平和は、世界の諸人民の、一致した、しかも永続する誠実な支持を確保できる平和ではない」と指摘する。

「戦争は人の心の中で生れるものであるから、人の心の中に平和のとりでを築く」必要性を説くユネスコの目的は、同憲章の第一条に次のように書かれている。

この機関の目的は、国際連合憲章が世界の諸人民に対して人種、性、言語又は宗教の差別なく確認している正義、法の支配、人権及び基本的自由に対する普遍的な尊重を助長するために教育、科学及び文化を通じて諸国民の間の協力を促進することによって、平和及び安全に貢献することである。

この第一条を読むと、「人の心の中に平和のとりでを築く」作業とは、「正義、法の支配、人権及び基本的自由に対する普遍的な尊重」を推進するための教育、科学、文化の普及である、と言えるだろう。二度の世界大戦を経験した人々が平和を実現するために重視したのは、正義や人権の尊重を促す教育、科学、文化の普及を支える学問的な営みだったのである。

モーゲンソーによるユネスコ批判

このユネスコ憲章による平和のための学問的営みが重要であるという主張は、簡単には反論できないように思われる。ここで重視されている正義や法の支配、人権、基本的自由という概念は、いずれも二一世紀の現代においても重要な価値として扱われ続けてきた。

その一方で、実はこのユネスコ憲章による提案には当初から批判が展開されてきた。その最も代表的な例が、リアリズム国際政治学の大家として知られるハンス・モーゲンソーによる批判である。一九〇四年にドイツで生まれたモーゲンソーは、ユネスコ憲章を書いた人々と同じく二度の世界大戦を経験し、ユダヤ系であったことから母国ドイツにおいて迫害を受け、米国へと亡命を余儀なくされた経験をもつ。彼は一九四八年に初版を刊行したその代表的な著書『国際政治──権力と平和』のなかで、ユネスコ憲章に描かれた平和論を手厳しく批判した。すなわち、もし文化的交流による相互理解が平和をもたらすというのであれば、なぜ文化的、宗教的一体性を有する欧州においてこれほど戦争が続いてきたのか、と反論したのである。

さらにより根源的な批判として、同書のなかでモーゲンソーは、国際法や国際機構による平和についても、次のような懐疑的な議論を展開していた。

平和と国際法は、現状維持政策のためのイデオロギーとして非常に役立つ。（中略）

現状維持政策の目標を平和主義的な言葉で表明することによって、政治家は、帝国主義的な敵対国に戦争屋という烙印を押したり、また自己および自国民の良心から道義的ためらいを取り除いてみせる。また彼は、現状の維持に利害関係をもつすべての国からその支持を得ることを望むこともできるのである［モーゲンソー 二〇一三］。

ここでモーゲンソーが展開したのは、国際法が維持しようとする国際平和とは、現状維持を望む支配的な国々の利益を守るイデオロギーに過ぎないという、国際法そのものへの批判である。強者の利益の表現として国際法を捉えるならば、現状に不満をもつ国々と支配国間の紛争を国際法では解決できないことになる。さらには、不満をもつ国々による既存の国際法秩序への挑戦を招く可能性があることから、むしろ国際法が作り出す秩序自体が紛争の原因となる可能性までもが指摘されている。すなわち、国際法は国際平和の実現に貢献しているように見せかけて、実際には国際関係を支配する国々が利益を有する現状の防衛装置に過ぎない、というのである。

フェミニズム政治学による普遍的な正義への批判

モーゲンソーによる国際法批判とは、国際法が規定する「正義」や「法の支配」、「人権」や「自由」といった価値は、あらゆる人々、地域に暮らす人々にとって、共通の、普遍的な正義と言えるのだろうか、という問いである。そのような普遍的な価値が存在するという前提で書かれたユネスコ憲章にとって、これはまさに根源的な批判である。

「普遍的な正義」や「人権」「自由」を問い直す視点は、一九八〇年代以降に議論されるようになった『ケアの倫理(ethics of care)』をめぐるフェミニズム政治学においても提示されてきた。これまで多くの哲学者、政治学者が論じてきた正義、権利、自由の担い手とは、経済的に自立し、他者の世話のために時間や身体を拘束されることのない特権的な男性たちのみを想定してきた。その結果、女性や老人、障がい者などをその主体から排除してきたことを問題視したうえで、政治学者の岡野八代は「ケアの倫理」を次のように定義する。

ケア——気遣い、配慮、世話すること——は、誰かの手、労力、声かけ、注視、そして時間などを注がれることによってしか生きることのできない人びとが人間社会には必ず存在することから、人間社会の存続には不可欠のものである。また、その他の人間の活動の多くと比べ、ケアする／される者たちの関係性はしばしば、能力の差が極めて大きい非対称的な関係であるために、ケアする者に比してケアされる者たちは暴力に晒されやすく、弱い立場に置かれがちである。ケアの「倫理」は、こうしたケアとケア関係が維持されるためにどのような判断、態度、そして思考を必要とするのか、そして社会全体でいかにケア関係を最良のものにしていくのかをめぐって、主にフェミニスト研究者たちによって見いだされ、論じられてきた［岡野 二〇二四］。

この「ケアの倫理」の視点から平和の問題を考察すると、「暴力が生じる前に暴力を避けること」が最も重視される。「暴力を行使した者は、たとえ通常ならば正当化可能な行使であったとしても、暴力行使が必要となることを避けるための適切な方法を開拓しなかったという点では、道徳的に失敗しているとケアの倫理は考える」［岡野 二〇二四］のだという。この視点を採用するならば、国際法上は「合法」とされている戦闘員に対する武力行使には、いかなる問題もないのだろうか、といった、法的には「正義」とされる現象を問い直すことが必要になる。

学問的な営みが切り開く可能性

「ケアの倫理」は、常に依存関係にある人間の脆弱性に着目し、脆弱な人々へのケアを中心に据えた社会構想による平和の実現を訴えている。ケアを重視する新しい社会構想は、人権や基本的自由を前提とする現代の「正義」と結びつきやすい議論のように聞こえるが、そう単純ではない。モーゲンソーが普遍的正義の存在を疑ったように、誰にとってのいかなる「正義」なのかについて、「ケアの倫理」も立ち止まって考えることを私たちに求めている。

学問が果たす重要な役割の一つは、ある時代において「正しい」とされた考え方を一つずつ検証し、その「正しさ」から新たな暴力が発生しないのかを問い直す作業を粘り強く続けることにある。第二次世界大戦の終結から八〇年近くが経過した今日、各地で戦争が続き閉塞感が増すなか、学問は戦争を防ぐことができるのかという問いに、答えを出すことは簡単ではない。そうではあるものの、いかに戦争を防ぎ、平和を実現するかを追求する学問的な営みは、あきらめずに続けられているのである。

参考文献

- 岡野八代（二〇二四）『ケアの倫理――フェミニズムの政治思想』岩波書店。
- モーゲンソー、ハンス（二〇一三）『国際政治――権力と平和』（上・中・下）原彬久監訳、岩波書店。

災害復興とは何か
―東日本大震災被災地の若者から学ぶ

飯塚　明子

初めてのゼミ生

大学で働いて、初めて一人のゼミ生の卒業研究の指導をすることになった。岩手県陸前高田出身の学生の論文のテーマは「若者と震災復興」。ちょうど東日本大震災から十年を経た二〇二一年のことである。震災当時小学五年生であったこのゼミ生が、大学四年生になった際に提案したこの論文テーマに率直に興味を惹かれた。東日本大震災からの災害復興については、インフラ設備や公共施設、住宅再建といったハード面では、目に見えてすすんでいることが訪問する度に分かった。一方、被災者の精神面や仕事の機会、地域のつながり、お祭りや伝統行事といったソフト面の復興は見えにくい。特に、震災前から課題となっていた東北地方の少子高齢化の課題もあり、震災を経験した若者が復興についてどう思っているのかとても興味があった。また、私が若者にインタビュー調査をするより、同世代の学生がインタビューをした方が、よりリアルな調査ができる可能性があり、オリジナリティーのある研究になると思った。そこで、ゼミ生の提案をすんで受け入れ、陸前高田の震災を経験した若者に焦点をあてて、震災から十年を経た当時の復興について聞き取り調査を行うことになった。

津波発生時の様子

コロナ禍で栃木県外への移動が制限される時期の合間を縫って、二〇二一年三月と二〇二一年十一月に学生と一緒に陸前高田に行った。震災当時小学五年生だった学生は、地震発生時は五時間目の調理実習の最中だった。大きな揺れの後グラウンドに集まった。親が迎えに来た小学生もいた。海側から大きな砂ぼこりが見え、消防団のおじさんが「逃げろ」と叫び駆け付けたので、グラウンドに集まっていた人々は一斉に山側に逃げた。消防団のおじさんと小学校の児童半分以上と先生がばらばらになって山の方へ走った。山道で茂みや溝もあったが、とにかく高い山の方へ避難した。途中段差が大きく登ることができない小学生がいると、消防団のおじさんがかがみ、その背中と肩を階段にして小学生が登った。三十分程山の方へ逃げて、山の中腹の白い建物（希望ヶ丘病院）にたどり着いた（図1）。

その後、白い建物に小学生が避難していると、どこからかそれを聞いた親たちが子供を歩いて迎えに来た。結局小学校は浸水し、逃げ遅れた人は上の階に避難した。震災前に避難所となっていた小学校では地震の際にグラウンドに出る訓練を行っていたが、学外に避難する訓練はなかった。しかし、消防団のおじさんの呼びかけと、普通ではない周囲の状況からとっさに逃げたとのことである。ゼミ生から十年前の小学生時代の被災経験を現地で聞き、実際に小学校から白い建物までの避難した道順を一緒にたどってみると、（防災の専門家として言うべきではないかもしれないが）自然の力は想像以上に大きく、普段の状況とは異なる状況下でのとっさの判断や、周りの人とのつながりや関係性が生死を分

図１　避難した山の中腹から見た海

けたことが分かる。そして、このような経験をした小学生が十年経ち、復興についてどう感じているのか、ますます関心が高まった。

インタビューの方法

若者という言い方が適切なのかどうか、正直よく分からないが、この調査では、二〇二一年の時点で十八歳から二十五歳で、東日本大震災当時学生だった人々を若者として調査対象とした。半構造化インタビューのための質問票を学生と作成し、大学の倫理審査を経て、二〇二一年十一月に八名の陸前高田の若者にインタビュー調査を行った。陸前高田や近隣地域に残っている若者は多くはないので、インタビューの対象者を探すのに苦労したが、ゼミ生の友人や知り合い、インスタグラム等を通してインタビューを受けてくれる若者を募った。インタビュー対象の八名のうち、四名は私も同席し（と言っても、お茶をしながら聞いていることが多いが）、他の四名はゼミ生が一人でインタビューを行った。ゼミ生にとっては初めてのインタビュー調査だったが、ある程度慣れたら私はできるだけ席を外した。若者同士で話した方がいいと思ったからである。インタビューは町の中心地のカフェやインタビュー対象者の職場等で、若者が時間を取りやすい仕事終わりの時間や週末に行った。

インタビューの内容「復興とは？」

若者は十年を経た被災地の復興をどう思っているのか。八名というインタビュー対象者は多くはない人数だが、こちらが想像していた以上に多様な意見が出た。復興について、肯定的に捉えている人もいれば、否定的に捉えている人もいる。例えば、公共施設が整備され、公園や伝承館と言った観光施設、お店が増え、復興がすすんでいると捉えた人もいた（図２）。また震災後、毎日変化していく被災地を目にし、復興のすすみ具合いを見てきたこと、「ゼロから再生した町はきれいで、道路も広くなり、歩きやすく整備された」と前向きに捉えている人もいる。一方で、仕事の選択肢が少なく、若い人が戻ってきていないことを課題とする人もいた。また大部分の被災者は山側の高い場所に移住したため、海に近いかさ上げをした平地に空き地が多いことも課題として指摘された。昔のように友達と集ったり、お祭りに参加したりしたいが、集まる場所や機会がないこと、例えば、カラオケや服屋さん、赤ちゃんやマタニティー関係のお店や、若い人が学校帰りに集まることができるフリースペースが必要と言う。

復興について若者から意見を聞くと、大災害からの「復興」とは何だろうかと改めて問う必要がある。復興とは震災前の状態に戻ることと言う人もいれば、震災前よりもよくなることと言う人もいた。「被災して全てを失ったから、元のまちに戻るというよりも、さらにいいまちにしていくということ」が復興であると言う。また、「震災当時は新しい施設や建物ができたら復興だと思っていたが、建物ができてしまうと、復興って何だろうかと考える」ようになった人もいる。復興についての考え方は変化し、時間とともに多様化する。また震災から十年経ち復興はまだ進行中であるという人は多いが、十年は節目なので、震災のことばかり話をしたり考えたりするより、前向きに次のステージにいく必要があ

図２　広田湾に面する防潮堤と松の植林

るという人もいる。

町の大部分が浸水し、町全体が新しくなった陸前高田において、当時小中学生だった若者の中には、震災前の状態をあまり思い出せない人もいる。一方、復興とは「精神的な過ごしやすさで、なじみや思い出があるものが戻ること」と言う人もいる。具体的には、「地元の人たちが昔みたいに七夕とか行事に参加し、笑えるような環境のこと」と言う。陸前高田には八月の七夕や一月の獅子舞等、地区ごとの伝統行事がある。「高田町うごく七夕」は町ごとに山車を作り、飾りつけをして、毎年八月七日に山車を引っ張ったり、笛や太鼓を鳴らしたりして町を練り歩く。七夕の行事は、先祖をお迎えするという意味が元々あるが、震災後もバラバラになった人々の心をつなぎ、高田町を出た若者も七夕には帰ってきて、行事に参加するとのこと。

地域への愛着とつながり

震災を直接経験していないが、震災後支援として外部から入った若者は、陸前高田の魅力は「存在を認識してくれること、温かく受け入れてくれること」だと言う。自然環境の美しさはもちろんのこと、人の絆が強く、大切にしているものがあることが、陸前高田の魅力だと言う。高田で生まれ育った若者は、「小学校の帰りはいつも誰かの家に寄ってから帰っていた」思い出があり、外を歩くと誰か知っている人に会い、話かけてくれることが、陸前高田の魅力だと言う。

ゼミ生の卒業研究の一環で、被災地の若者が復興をどうとらえているかという大きな問いを、岩手県陸前高田の八名の若者の視点を通して答えようと試みた。ゼミ生にとっては卒業論文の研究の問いを越えて、小学生の時の震災の体験とその後の復興に向き合う人生への問いだったのかもしれない。しかし、東日本大震災からの復興はまだ途上で、復興についての考え方は多様であることから、ゼミ生も私も答えは出ていない。インタビュー調査を通して、地域に愛着を感じている若者が多くいることが分かった。都会と比べて仕事の選択肢が多くはないが、人の役に立ちたいと看護師や保健師、保育士の資格を取って陸前高田に戻り、働く人もいれば、仙台や盛岡で働き、休みになると陸前高田に戻ってくる人も多い。ゼミ生は大学を卒業した後、長期の休みや地域の行事には地元に戻り、陸前高田の復興に関心を持ち続け、震災を経験していない地域の人々に防災の大切さを伝えていきたいとのこと。卒業研究のテーマを決めてから一年半の間、終始熱意をもって研究の問いに主体的に取り組んだゼミ生の卒業後の選択を尊重し、今後も応援していきたい。大災害から生き延び、復興を経験してきた若者が、復興の過程で何かを感じ、多様な考え方や生き方に触れ、人生の選択をしている。

第Ⅴ部

何のために学ぶのかを考える視点

村落社会から学ぶことの意味
―国際学部の授業「社会調査法入門」の実践から

古村　学

国際学から遠い日本村落社会研究

私の調査地域は、日本の田舎、へき地と呼ばれるような場所である。北は北海道羅臼町から、南西に向かい、東京都小笠原諸島、沖縄県南大東島、西表島などで調査をおこなっている。これだけを聞くと、海外を向いた国際学にたいして、日本の、それも田舎での研究は関係が薄いのではないかと思われるかもしれない。

私のゼミの卒業論文でも、日本の田舎を調査地としたものが多い。ドイツやイギリスで調査をした学生もいるが、少数派である。これらの調査地で、私もゼミ生も、人類学や村落社会学の研究手法である住み込みによるフィールド・ワークをおこなっている。その地で暮らしながら現地社会を理解すること、現地の人びとの生活の中から生まれてくる視点を理解することが、研究の第一歩となる。

本稿では、日本の村落社会を学ぶことが、国際学を学ぶ学生にとって、どのような意味を持っているのかを見ていきたい。とくに、宇都宮大学国際学部の教育の現場で、なにを、どのように学生たちに教え、伝えているのか、このことを見ていく。大学では、村落社会についての授業をいくつか持っているが、そのスタートである社会調査法入門から見ていきたい。この授業を受けたことによって、それまで自分とも、国際学部とも無関係だと思っていた日本の村落社会に、はじめて触れるものも多くいる。

国際学部の学生として日本の村落社会を知ろう

これにつづき「ついでに、情報処理能力を身につけよう」というのが、社会調査法入門のスローガンのようなものである。この授業は、もとは情報処理という名で、新入生向けの情報処理基礎という授業で基礎的な技術を学んだ後に、二年次生向けに発展として、さらなる情報処理能力を身につけるものであった。とうぜん、村落社会を学ぶことは、主目的ではない。

宇都宮大学に赴任し、情報処理の授業をおこなっていたのだが、はじめのうちは困難を感じていた。情報教育では、基礎的な教育ののちには、なんらかの目標を持ったゴールを設定できないと、各回がバラバラの授業になりがちである。国際学部では、教員の専門分野がそれぞれ異なるために、このゴールを明確にできず、当初は、一貫性のない授業しかおこなえなかった。

それならば、学部全体のことを考えずに、自分のゼミに来る学生に身につけておいてほしいことを、教えてもよいのではないかと思い当たる。授業期間終了後の夏休みに、どこかの町村で地域調査をおこなう。このことを前提に、おもにインターネット上のデータを利用し、調査対象の町村の下調べを毎回の授業でおこない、それらをもとにした最終レポートを作成するという構成である。このことを表現したのが、先のスローガンである。もっとも、実際には、現地調査へ行く必要はないのであるが。

まず、好きな町村、テーマを選ぶ。これは、途中で変えてもかまわない。自分の故郷、祖父母の住む場所、行きたい場所など愛着がもてる場所がおすすめである。ただ、市は、その人口規模の大きさゆえにデータが均質化し、日本全国と同じになりがちであるため、データの面白みが少ない。どうしてもというのでなければ、避けたほうがよいだろう。

テーマは何でもよいが、情報処理の授業でもあるので、数値化できるデータをえられるものがよい。過去の例から見ると、農業や漁業、観光といった産業、とくにその地域の主要産業にかんするものは、データ量が多く、調べやすい傾向が強い。はじめは、文献検索サイト CiNii を利用し、その町村でどのような研究が、どのような分野でおこなわれてきたのかを調べる。当該社会への研究者からの視点を知ることは、大学生にとって重要である。ついで、日本政府の統計ポータルサイト e-Stat から国勢調査を利用し、人口構成、産業構造など対象地域の基礎データを集めていく。このようにして集めたデータをもとに、数値データにかんしてはエクセルでグラフを作成し、毎回の授業に向けてA４で一枚程度のレポートを完成させる。ここまでは、参加学生は同じデータを利用し、同じようなレポートを作成することになる。

その後は、自分の決めたテーマに合わせて、町村、都道府県、先に見た e-Stat、農協や観光協会などのウェブ・サイトから必要なデータを集め、最終レポートの完成へと向けて、毎回の作業をおこなう。町村によっては、統計データが極端に少ないところもあり、苦労することもあるが、それをどうするかを考えることも勉強となる。

毎回の授業では、公開添削を希望する学生の作成したレポートをもとに、効果的なデータの集め方、示し方、グラフの作成方法などの情報処理能力にかんする指導をする。学生が作成した実際のレポートをもとに改善策を示し、失敗から学ぶということで、学生も身につきやすい。また、レポートの内容をもとに、村落社会の現状について、私の調査地を中心とした事例から話すことで、内容にかかわる理解を深めるように努めている。

ついでながら、社会調査法入門ということで、今週の社会調査として、社会調査の概要、フィールドへの入り方、暮らし方、具体的な調査方法などにかんしても、自分やゼミ生などの経験をもとに話している。社会調査を具体的にイメージできるようにするためである。ただ、授業時間の不足から十分にできておらず、今後の課題といえよう。

日本の村落社会を学ぶことの意味

では、社会調査法入門で村落社会について学ぶことは、学生たちにとって、どのような意味を持っているのか。この点について、日本の村落社会を見ること、具体的な現場から見ること、データから見ることの三点から見ていきたい。

まず、日本の村落社会を見ることであるが、世界を見る前に、自分の足元である日本を見ておいてほしいということがある。身近な、少なくとも身近だと思える日本を知ることの意味は少なからずある。国際学部では留学する学生が多いが、そのさいに、日本のことを知らないことに気づかされ、もっと学んでおけばと思うこともあるという。さらに、日本社会のことをベースとして知っていれば、その差異から海外において気づかされることもあるだろう。

もっとも、教員である私が、日本の村落社会を専門としているということが最大の理由であるのだが。説明のしやすさ、質問をされたときの返答の容易さ、それゆえに授業を円滑に進められる。また、この私の研究とのかかわりは、二点目の具体的な現場から見ることへとつながる。私の研究は、冒頭に見たように、具体的な調査地、それも離島など小さな社会を対象としている。国や都道府県、都市といった大きな社会は、どうしても抽象的なものとなりやすい。授業において、学生たちは、小さめの町村を調べつづけ、様々なことを知ることにより、知らなかった町が、知る町へとなっていく。抽象的な田舎の村が、具体的な村へと変わり、多少なりとも共感も生まれてくるのである。授業後に、実際に行ってきたという学生もおり、授業を受ける前よりも、多少とも関心も増している。

三点目として、データから見ることの意味を知ることがある。学生たちは、社会の現状を知らずに、イメージで見ている傾向が強い。マスコミなどを通して作られたイメージである。これは村落社会に限ったことではない。具体的な数値データを調べることで、予想とは異なるおどろき、気づきを、学生は感じている。それに加え、全国と比較すること、ほかの受講生の調査地との比較の中で、より数値の意味を深く知るとともに、日本の村落社会の中にある多様性にも気づくことができるのである。

この社会調査法入門の続きとして、二年次生後期向けに、地域社会論という授業がある。ここでは、村落から見た日本戦後史や、文献の事例などを通して村落社会の実像を学んでいく。この授業を受講する学生の多くは、社会調査法入門を受講したものであり、受けていなければ、日本社会に興味を持つこともなく、地域社会論を履修しなかったと話すものも多い。また、具体的な一つの町村を知っていることは、この授業の内容を深く理解するためにも有用である。

その後に、地域社会論実習という授業において、実際の農村などの現場に赴き、フィールド・ワークの手法を学ぶことになる。この実習の詳細にかんしては、本書の姉妹書である下野新聞新書『世界を見るための38講』に書いたことがある。

自分なりの国際学に向けて

私の研究テーマは、グローバルな現象をローカルな社会から読み直すというものである。具体的には、エコツーリズムや世界自然遺産などをとおして、グローバルな価値観としての自然保護が、地域社会にどのように現れているのかを見ている。ローカルな自然へのかかわりの中から生まれる価値観は、地域ごとの歴史、文化、社会、生活などの違いから多様性を持ち、それゆえにグローバルな価値観との合致、対立、葛藤など地域ごとに異なる多様な姿を見せる。そこから、グローバルな価値観を読み直すことも、その地域自体を別の視点から見ることもできる。というと、国際学らしく響くかもしれない。

もっともゼミの学生たちは、米軍基地問題や原発問題など国際学らしいテーマを選ぶものもいれば、太鼓や神楽といった伝統文化、農業や農村女性など、かならずしもわかりやすくないものを選ぶものもいる。私としても、フィールドに入る前に決めたテーマに縛られるよりも、現地調査のなかで見えてきたものから、あらたにテーマを設定しなおしてもよいのではないかと指導している。

小さな田舎の社会であっても、グローバルな社会とつながっている。わかりやすいつながりもあれば、わかりにくいつながりもあるだろう。私がおこなっているような小さな田舎社会の生活から見るだけでなく、いろいろな場、研究分野から見ていくこともできるだろう。国際学とは、そのイメージにとらわれることなく、自由で、多様なものであってよいのではないかと思う。多くのことを学ぶ中で、自分なりの国際学を見つけていけばよいのである。

歴史からみる国際政治

松村　史紀

遠景を眺める知恵

国際政治はいま激動のなかにある、といつも言われる。争いは絶えず、危機にさいなまれ、未解決の難題が山積みになる。「現状」に対処するだけでも骨が折れるから、わざわざ遠回りをして考えるだけの余裕はない。だからといって無暗に激流に飛び込めば、観察者自身が波にのまれ、うまく全容はつかめない。ひとつの時代が盛りをすぎて終りに近づいたとき、ようやくそれが何だったのか遠く見渡せることもある。「どんな歴史上の十年間でも、それが終ってから五年余りもたつと、ひとつの『時代』として見え始める」［山崎［一九七七一九八五］というのは身近にある実感だろう。知恵の象徴である「ミネルヴァの梟」は「夕暮れの訪れとともに、ようやく飛びはじめる」。この表現は哲学の到来がつねに「遅すぎる」ことを嘆く箴言である［ヘーゲル［一八二一］二〇二一］。知恵は近景よりも遠景を好むようである。

「歴史」から国際政治をみることは遠景を眺めるというに近い。なぜそのようなことをするのか。中国映画『トゥヤーの結婚』（二〇〇八年）はその手がかりを与えてくれる。冒頭、モンゴル族の女性トゥヤーがゲル（テント状の移動式家屋）で人知れず泣いている。その後、ほどなくして彼女の夫バータルが事故にあい働けなくなる。下半身不随になった夫への愛情は残るが、トゥヤーは生活のために離婚を決意して再婚相手をさがす。渋々ながらも幼馴染センゲーと一緒になることを決めた彼女は再婚の儀式をすませた後、ひとりゲルに戻って静かに泣く。冒頭にみた序幕がじつはこの終幕の場面そのものであったことに観衆は気づく。なぜトゥヤーは泣いたのか。終幕（現在）を理解するにはそこにいたる経緯（歴史）を巻き戻して知らねばならない。このあまりに平凡な、それでいて忘れやすい常識をこの映画は静かに想起させる。

では、経緯を知れば終幕――トゥヤーの涙の理由――は理解できるのだろうか。トゥヤーが気の進まない再婚をした自身の境遇を悲嘆したというのは通り一遍の観察である。だが、彼女はみずから名状しがたい感情に揺さぶられていたのではないか。「ものごとを体験するにはそれだけの能力が要る」［江藤［一九六七］一九七二］。自身の内面であっても、それに対応する言葉や概念をもたなければ、それを解釈し体験することは難しい。経緯（歴史）を追体験するにも人間や社会そのものを理解する知恵は欠かせない。では、なぜトゥヤーは泣いたのか。その実、本人も気づかぬうちに自身にたいする好意を失っていたのではないか。「人は失恋なんかで破滅するものではない。…失恋中は自分で自分が好きになるものである。…およそ不幸というものはただ一つしかない、それは、自分にたいする好意を失うことである」［マン［一八九七］一九八〇］。

饒舌にして寡黙な歴史

科学技術が進化してもこの種の難題は解きがたい。歴史をとおして人間を観察すれば、古今変らぬ像が浮かび上がるかもしれない。古代ギリシャ世界のペロポネソス戦争（前四三一年～四〇四年）を同時代に観察したトゥキュディデスは「人間の性情が変らないかぎり、個々の事件の条件の違いに応じて多少の緩急の差や形態の差こそあれ、未来の歴史にもくりかえされるであろう」として、戦時下の人間像をこう評した。「戦争は日々の円滑な暮しを足もとから奪いとり、弱肉強食を説く師となって、ほとんどの人間の感情をただ目前の安危という一点に釘づけにする」［邦訳一九七〇］。これは今も変わることがない。

ならば歴史から教訓を引き出せるのではないか。そう息巻いてみても期待薄、相手はおしゃべりで一向に要領を得ない。『歴史』は、望みのものを正しいものとする。それは厳密には何ごとも教えない。なぜならそれはすべてを含み、すべてについての実例を教えるからだ」［ヴァレリー［一九三一］一九七八］。すべてを語ろうとする饒舌は何も語らない寡黙に似て、適切な教訓を選び出してはくれない。だからといって過去を粗末にあつかえば、未来に同種のできごとに襲われるかもしれない。「未来が過去に勝つのは、過去を呑みこんでしまうからである。もし過去のあるものを呑みこまずに残しておけば、未来の負けである」（オルテガ［一九三〇］一九九九）。どうすれば過去を食べ残すことなく、教訓として呑みこめるのか。確かな処方箋はないが、「歴史はそのまま繰り返すのではなく、韻をふむ」（ひろくマーク・トウェインの言葉とされるが出典は不明）という箴言は、教訓が明示されるのではなく暗示されることを物語っている。たとえば、自由民主主義諸国がみずからの理想に固執して不満国からの挑戦を受けるというのが第二次世界大戦の教訓であったとすれば（Carr [1939]1964）、現在のロシアによる自由民主主義世界への挑戦（とりわけウクライナ侵攻）は過去の反復そのものではないが、核心部分は酷似している。

歴史を裁く特権

結局、歴史から教訓を得ることは不可能ではないが難しい。この素朴な感覚は歴史を追体験する者にとって、ある戒めとなる。「未来より唯一不確かなものは過去である――ソヴィエトの格言」［Gaines 2015］。ソ連にとって社会主義の未来像は不動であったが、権力者が交代するごとに過去の評価は一変した。来るべき未来は過去をたやすく支配してしまう。

過去を教訓として裁くことは現代がもつ特権である。だが、結末を知っている者が行き先の見えない登場人物を嘲笑うことは公平ではない。「後世の歴史家は、現在の常識と知識にもとづいて、現在入手しうる資料により、いわば完全情報にちかいかたちで、過去の状況を再構成できる特権をもっている」［永井一九七八］。本来、歴史から教訓を引き出すことはおろか、そこに登場する人物を追体験することさえ難しいはずなのに、ひとは神の視点――人間社会を見下ろす視点――で歴史を裁こうとしてしまう。この現代がもつ特権は抑制しなければ、たやすく濫用されることになる。

とくに「後知恵」から歴史上の愚策を嘲笑うとき、過去の人びとが限られた時間と情報のなかで決断を迫られたという単純な事実を忘れやすい。戦争はその最たる例である。「戦争においては、一方では情報や予測がすべて不確実であり、また他方では偶然が不断に介入する…行動の最中に、目前の情況は将帥に敏速な決意を迫るし、また新たに企画を立て直す時間的余裕はおろか、時には十分に考える暇さえ与えない」［クラウゼヴィッツ［一八三二―三四］一九九九、上巻］。

神の視点から極限状態におかれた人間を裁くことには慎重でなくてはならない。およそ「行動というものは、つねに判断の停止と批判の中絶とによって、はじめて可能になる」［福田［一九七五］一九九九］からである。政策決定者の判断や政策はいつでも批判と冷笑にさらされる運命にある。だが、それに乗じて後世の評者が安易に過去を断罪しようとするなら、登場人物をとりまく悪条件を忘れてしまい、過去を追体験することはできなくなる。

工学的技術と技芸

歴史から国際政治をみるとき、ひとはそれを追体験するための感性と知性を試される。科学技術が進化しても、人間の内面が磨かれるとは限らない。原理に無関心であるのに高度な技術を備えた機械を操る現代人は「文明」世界のなかの「未開人」である［オルテガ［一九三〇］一九九九］。

かつてクラウゼヴィッツは「政治は知性であり、戦争はその道具にすぎない、決してその逆ではない」と説いたが、軍人であるかれはその専門技能を手段に過ぎないと断じ、知性の結集が求められる政治判断に最終的な信頼をおいた［クラウゼヴィッツ［一八三一—三四］一九九九、下巻］。冷戦期、ある米外交官もまた「世界問題にあたるさい、われわれは機械工ではなく庭師たるべきだ」と肝に銘じた。国際情勢は有機体のようにしか発展しないから、高度な軍事技術で敵方を圧倒しようとする安易な工学的思考は斥けられるべきものであった［Kennan［1954］1966］。

工学的技術そのものは無機物であるから進化しても、ふつう成熟はしない。庭師のような技芸は有機物であるだけに円熟する。国際政治の歴史をとおして磨かれる感性と知性とはまさに円熟する。人間の内面を耕してはじめて追体験できるようになるのが歴史でもある。

参考文献

- ヴァレリー、ポール（［一九三一］一九七八）「歴史について」寺田透訳『ヴァレリー全集一二』筑摩書房、三〇一三三頁。
- 江藤淳（［一九六七］一九七一）「『体験』と『責任』について」『江藤淳著作集』六巻、講談社、四〇―五七頁。
- オルテガ（［一九三〇］一九九九）「大衆の反逆」寺田和夫訳『世界の名著六八』中央公論新社。
- クラウゼヴィッツ（［一八三二―三四］一九九九）『戦争論』篠田英雄訳、上下巻、岩波書店。
- トゥキュディデス（一九七〇）「戦史」『世界の名著五』久保正彰訳、中央公論社。
- 永井陽之助（一九七八）『冷戦の起源』中央公論社。
- 福田恆存（［一九七五］一九九九）『人間・この劇的なるもの』中央公論新社。
- ヘーゲル（［一八二一］二〇二一）『法の哲学』上妻精他訳、上巻、岩波書店。
- マン、トーマス（［一八九七］一九八〇）「道化者」佐藤晃一訳『河出世界文学大系五九 トーマス・マン』河出書房新社、六一―九四頁。
- 山崎正和（［一九七七］一九八五）『おんりい・いえすたでい’60s』文藝春秋。
- Carr, Edward H ([1939]1964). *The Twenty Years’ Crisis, 1919-1939*, Harper and Row Publishers.
- Gaines, Caseen (2015). *We Don’ t Need Roads: The Making of the Back to the Future Trilogy*, Penguin Random House LLC.
- Kennan, George F ([1954]1966). *Realities of American Foreign Policy*, W.W. Norton & Company.

［付記］訳書の原著の発表・出版年が特定されるものについては、訳書の出版年の直前に［］内にそれを記している。また初版がある書籍についても［］内にその出版年を記した。

中東地域研究の作法

松尾　昌樹

オマーンの誘惑

中東にオマーンという国があって、その首都マスカトの古い商業地区の一角に、「レインボー・レストラン」というカレー屋がある。ここには、オマーンを訪問する時には必ず立ち寄ることにしている。薄暗い天井から下げられた大きなファンが熱気を和らげる店内は、パキスタン系をはじめとする移民労働者でいつも賑わっている。給仕はおそらくバングラデシュ系の移民労働者で、真面目な彼らは外国人の私が店内に入ると、わざわざ英語のメニューを出してくれる。私はアラビア語ができるので英語のメニューは必要ないのだが、彼の親切を無下にする必要もないので、英語で注文する。給仕は注文を取るとピッチャーに入った水と、くたびれたプラスチック製のコップをテーブルに置いてくれるのだが、私は今までそれを飲んだことはない。店内にあるショーケースを勝手に開けてミネラルウォーターを取り、それをコップに注いで飲む。もちろんその代金は後で精算する。出てくるカレーは庶民的な味で良い。レインボー・レストランの近くには長距離バスターミナルがあり、学生の頃はバスを待つ時間調整にもよくこのレストランを使っていた。今はレンタカーを借りて自分で運転するようになったが、それでも近くのモスクの駐車場に車を停めて、やはりこのレストランに足を運んでしまう。

シリアの誘惑

シリアの首都ダマスカスには「シャーミーヤート」という小規模だが品の良いレストランがあり、絶品のシリア料理を気軽に堪能できる。ダマスカスにあるIFPO（Institut français du Proche-Orient、フランス中東研究所。中東にあるフランスの研究機関の一つ。通称「仏研」）の近くにあって、仏研でアラビア語を勉強していた時期には時々通っていた。仏研の近くには別の気取ったイタリアンレストランがあり、ヨーロッパからの留学生や研究者はそちらの方をよく使っていたが、私は現地料理を味わえ、また現地人の世間話を聞けるシャーミーヤートの方が好きだった。「シャーミーヤート」とは、アラビア語の字義的には「シリアの娘たち」という意味だが、もしかしたら何か別の意味が込められているのかもしれない。階段を降りて重い扉を開けて店内に入り、白いクロスが敷かれたテーブル席についてからメニューを見て、あれやこれやと悩んだ末に右手の人差し指をそっと上げて（ただし肘はテーブルにつけたまま）給仕を見る。すると、伝統的なデザインのユニフォームを着た給仕がすっと寄ってきてくれる。シリア研究者のA先生によれば、シリア人は監視されていることに慣れているので、たとえ声をかけられなくとも客の視線が自分に向いただけでそれを察知するのだという。地域の事情に通じた地域研究者に固有の冗談だが、そこには真実も含まれているように思われる。

シリアには思い出のあるレストランがもう一軒ある。ダマスカス旧市街、バーブ・トゥーマにある「ヴィノ・ロッソ」だ。その名の通り、ワインを飲みながら美味しいものを食べられる小洒落たバーである。バーブ・トゥーマとは「トゥーマ門」の意味で、トゥーマとは十二使徒の一人のトマスを指す。ダマスカスはかつて城塞都市で、城壁の門についていた名前が現在ではその門の周辺の街区名になっている。城壁の中にはいくつかの部屋があり、その一つが「ヴィノ・ロッソ」である。私がまだ駆け出しの研究者で、ダマスカスに滞在して研究活動を行っていた頃、初対面の日本人研究者に誘われてその店でワインを堪能したのだが、気づいたらある研究会のメンバーになる書類にサインさせられていた。その研究会は若手研究者ばかりで構成されていたのだが、そのメンバーは皆、今日ではそれぞれの分野を代表する研究者になっているので、この研究会は伝説として語り継がれている。

中東地域研究という学問

「中東地域研究」という学問分野がある。これは「東南アジア地域研究」や「アフリカ地域研究」などと並んで、「地域研究」という学問の一分野をなす。「地域」という用語を付けずに単に「中東研究」や「東アジア研究」と呼ぶこともあるが、そういった場合でも「中東」という特定の「地域」を「研究」していることは明らかなので、これらもまた「地域研究」と考えていいだろう。政治学や経済学が特に地域を限定せず、抽象的で普遍的な対象を研究していることと比較すると、「地域」という具体的な対象にフォーカスしている点がその特徴の一つであろう。では、なぜわざわざ地域にフォーカスするのだろうか。その理由の一つは、理論と現実の乖離である。普遍的と想定される理論を用いても現実に観察される事柄を適切に説明できないことがしばしばあるが、その時に観察対象地域がもつ特殊性を考慮して分析すると、比較的すっきりと説明できることがある。

中東地域研究であれば、「なぜ中東では紛争が多いのか」「なぜ中東では民主化が進展しないのか」といった政治的な問い・関心に、現地の事情を踏まえて説明を加えることが一つの役割になるだろう。あるいは、「中東ではジェンダー規範がどのように維持されているのか」といった社会的な問い・関心や、「中東における文学の主要なテーマは何か」「中東ではサブカルチャーはどのように生産・消費されているのだろうか」といった文化的な問い・関心に対しても同様である。中東地域研究が取り扱う内容は非常に多様であり、これは他地域を対象とする地域研究でもおそらく似たような状況にあると思われる。

地域研究が何を扱うのかは見えやすいが、ではどのように研究すれば中東地域研究をしたことになるのだろうか。「中東地域研究をする」というのはやや奇妙な日本語で、「中東を研究する」というのが本来は適切な表現だろう。しかし、何らかの学問を修めるということは、〇〇学について学び、そこで得た手法に基づいて対象を理解・分析することが可能となった状態を指す。中東地域研究であれば、単に中東について詳しく調べた、中東の映画を鑑賞した、あるいは中東に行ってみた、というだけでは、どんなにそれらの行為に時間と労力をかけてみても、所詮は好事家の域を出ない。その努力は評価されるかもしれないが、そもそも努力だけであればわざわざ学を修める必要はない。では何をすればいいのか。何をすると中東地域研究をしたことになるのか。

現地とエビデンス

中東地域研究に限らず、地域研究には教科書がない。個々の地域研究者が発表した論文や、特定の地域について地域研究者がさまざまな角度から論じた学術書はたくさんあるが、それらをみても何をすれば（中東）地域研究を行ったことになるのか、全くわからない。ただし、研究者の間で合意されていることの一つに、現地を見ずして地域研究は不可能だという考え方がある。それも、ただ訪問すれば良いというものではない。現地語を理解し、ある程度の時間（例えば数ヶ月とか、半年とか、数年とか）をかけて現地で生活することが必要だと。おそらくこれは正しい。現地の人が何を食べ、何に悲しみ、何を脅威と見做しているのか。人生において何が大切で、何を喜びとしているのか。普遍的な学問が重視する民主主義や経済成長、ジェンダー格差といった概念を、現地の人々はどのように捉えているのか。現地の感覚を抜きに、普遍性に基づいて現地を解釈しようとすれば、なかなか適切な説明ができないのも当然だろう。

こうした考え方とは対照的に、近年急速に力を得ている考え方が、科学的な分析手法の採用である。「科学的」の意味を、ここでは簡単に、再現可能な分析手法に依拠して分析すること、と理解しよう。近年よく言われる「エビデンス」に基づく研究だといっても良い。エビデンスに基づく研究と聞くと数字に基づく分析だと思う人がいるが、それは間違っている。元となる情報は数字であろうとなかろうと、その情報の入手経路が明白であり、研究当事者以外の人物でもその情報にアクセスすることが可能であり、また分析に用いられた手法が一般に公開されており、それゆえ分析結果を再現可能・検証可能であることが重要である。とはいえ、一般に数字が使われることが多く、私も大量の数値データを集め、コンピューター上でプログラムを組み、分析に明け暮れる毎日である。

研究者は自分でエビデンスを探すのだが、自分が関心を持つ事象を分析するにあたり、どのようなエビデンスを用いるのが適切なのか、この問いに対する答えの正しさを判別する基準はおそらく存在しない。観察対象となる社会はそれぞれ異なり、現地で生活する人々の中にもその事象を問題だと捉える人もあれば、全く関心を持たない人もいるだろう。研究者がつかまえたい現象を最も適切に説明しうるエビデンスがどこにあるのか、それを探る鍵は、現地経験にあるのかもしれない。現地の人々の生活が見えているからこそ、適切なデータを選び取ることができるのだろう。

つまりそれは、PCのモニタに向かって延々とプログラムを組み、それが吐き出す分析結果を眺めながら、「レインボー・レストラン」に想いを馳せるということになるだろうか。カレーに入っている羊肉についた小骨をちゅっと吸いながら口から出す仕草が懐かしい（カレーは指で食べるのが基本）。シャーミーヤートで食べた、ザクロのソースがかかったファットゥーシュ（サラダの一種）の風味が喉の奥に蘇ると、なぜか胸の奥がぎゅっと掴まれたように感じる。そんな感覚があると、例え日本の研究室でデータを解析していたとしても、そのデータの背後に人々の生活や思いが隠れていることが実感される。これは安堵や郷愁に近い感覚だが、そのどちらとも少し違う。もしかすると、これが現地の感覚を踏まえて研究するという地域研究者の作法で、この作法を大切にすることが「地域研究する」ということなのかもしれない。

編集後記

貧困、人権、戦争、災害といった、国境を越えた多様な課題に向き合うためには、既存の学問分野やセクターを超えた対話と連携、行動に向けた協働が必要である。この本を書き上げた後、国際学の多様な分野の研究者間の対話と連携はどのくらいすすんだのだろうか。執筆者として自分の原稿を書くことは、初めてのゼミ生との調査や論文執筆の思い出に浸る幸せなひとときだった。しかし、書き上げた原稿に対して、編集チームから修正箇所の指摘が入ると、ときに自分が責められているような気分になる。一方、編集チームの一員としては、他の研究者が書いた原稿をよりよくするために、修正箇所を指摘するというとても気を遣う作業を経験した。このような研究者間の対話と葛藤から、多様な学問分野の研究者による連携と行動が始まると期待したい。

（飯塚明子）

国際学（部）における多様性や学際性について知る上で、本書はとても有用な1冊であろう。私の専門でもある「言語・ことば」という一つのテーマを例にとっても、本書では、音声（発音）、文法、（母語・第二言語）獲得、遺伝的能力、性差、教育、多言語使用、文化など、多岐に渡るトピックについて論じられていることからも、国際学の特性について窺い知ることができる。また、編集チームの一員として本企画に携わらせていただき、編集作業を行う上でも、細かい書式や文献の引用方法等、分野間の作法の違いにも触れることができ、個人的にも貴重な体験をすることができた。本書が、これから国際学を学ぶ学生に対して「国際学への扉を開く」役割を担うとともに、すでに国際学を学んでいる学生や研究者にとっても新たな発見につながることを期待する。

（木村崇是）

学際性・自由度の高い国際学の特性上、同じ学部であってもほかの教員の専門分野に関する知識が十分でないことも多く、特に着任後間もない筆者にとって、本書の編集は本学部で取り組まれる様々な研究の一端をうかがえる幸せな時間となった。担当章では、多国籍・多文化化する「新大久保」を、旧来の居住地でありながら新しい観光地でもある多面的・重層的なまちとして捉え、その背後に広がる多種多様な出来事や社会関係といった文脈を想起しながら、広がりと重なりに注目して読み解く可能性を示した。おこがましくもそれに引きつけていえば、国際学という縁取りの難しい学問も似たような特徴をもつのではないだろうか。本書がまさに、誰かにとっては見えづらい部分も掬い取りながら、広がり重なる国際学への扉を開いてくれることを期待している。

（申惠媛）

国際学部に所属する教員メンバーが各々の学術的な知見を存分に発揮しながら「国際学」のキーワードの下に結集できた本企画に感謝している。今日、世界情勢はますます混迷をきわめ、明るい兆しをそこに感じ取るのは残念ながら日々難しくなっている。こうした状況に対峙すべく、研究者の間で学際的なアプローチの重要性が叫ばれて久しい。異文化理解にせよ学際的研究にせよ、その基盤に求められる姿勢の一つには、他者や他領域へのリスペクトが挙げられる。人は知らない対象には差別心や嫌悪感を向けがちだが、自らが知っている内容には好感を抱ける。他者の存在やその思考を軽視したり軽蔑したりする行為が無知ゆえの産物なのだとすれば、「知る」ことや「学ぶ」ことによって、私たちの世界はたった一歩でも、より良い方向へと変わっていける可能性を秘めているのかもしれない。

（槙野佳奈子）

執筆者一覧

第Ⅰ部

槇野 佳奈子	宇都宮大学国際学部	准教授	フランス文学・ヨーロッパ思想史
出羽 尚	宇都宮大学国際学部	准教授	西洋美術史・イギリス文化論
大野 斉子	宇都宮大学国際学部	准教授	ロシア文学・表象文化論
米山 正文	宇都宮大学国際学部	教授	アメリカ文学・アメリカ文化研究
中村 真	宇都宮大学国際学部	教授	感情心理学・社会心理学

第Ⅱ部

松井 貴子	宇都宮大学国際学部	教授	比較日本文化論・身体文化
高山 道代	宇都宮大学国際学部	准教授	日本語学・日本語史
木村 崇是	宇都宮大学国際学部	助教	言語学・第二言語習得
湯澤 伸夫	宇都宮大学国際学部	教授	英語音声学・音響音声学
立花 有希	宇都宮大学国際学部	准教授	比較教育学

第Ⅲ部

吉田 一彦	宇都宮大学国際学部	教　授	一般言語学・教育学
リーペレス ファビオ	宇都宮大学国際学部	助　教	文化人類学
申 惠媛	宇都宮大学国際学部	助　教	社会学・移民研究・都市社会学
阪本 公美子	宇都宮大学国際学部	教　授	アフリカ地域研究・社会開発論
スエヨシ アナ	宇都宮大学国際学部	准教授	ラテンアメリカ論

第Ⅳ部

栗原 俊輔	宇都宮大学国際学部	准教授	国際協力
藤井 広重	宇都宮大学国際学部	准教授	国際法・国際人権／刑事法・平和構築論
清水 奈名子	宇都宮大学国際学部	教　授	国際関係論・国際機構論
飯塚 明子	宇都宮大学留学生・国際交流センター	准教授	国際協力・コミュニティ防災

第Ⅴ部

古村 学	宇都宮大学国際学部	准教授	村落社会学・知識社会学
松村 史紀	宇都宮大学国際学部	准教授	東アジア国際政治
松尾 昌樹	宇都宮大学国際学部	教　授	中東地域研究

shimotsuke shimbun-shinsho

下野新聞新書 13

国際学《こくさいがく》への扉《とびら》を開《ひら》く

宇都宮大学国際学部　編

令和　6年　9月24日　初版　第1刷

発行所：下野新聞社
〒320-8686 宇都宮市昭和 1-8-11
電話 028-625-1135
https://www.shimotsuke.co.jp

印刷・製本：株式会社シナノパブリッシングプレス

装丁：イマジカル

カバーデザイン：BOTANICA

ISBN 978-4-88286-876-7　C0237